15位顶尖企业家的成功方法

万雪晨◎编著

★掌握高效密码，拥有成功人生★

远方出版社

图书在版编目（CIP）数据

15 位顶尖企业家的成功方法 / 万雪晨编著. —呼和浩特:远方出版社,2007.4

ISBN 978-7-80723-219-3

Ⅰ.15... Ⅱ.万... Ⅲ.①企业家－生平事迹 ②企业管理－经验－世界 Ⅳ.K815.38 F279.1

中国版本图书馆 CIP 数据核字（2007）第 055603 号

15位顶尖企业家的成功方法

编　　著:万雪晨
责任编辑:张　宇
出版发行:远方出版社
社　　址:呼和浩特市乌兰察布东路 666 号
邮　　编:010010
经　　销:新华书店
印　　刷:北京市施园印刷厂
版　　次:2007 年 4 月第 1 版
印　　次:2007 年 5 月第 1 次印刷
开　　本:710×1000 毫米　1/16 开　15 印张
字　　数:335 千字
标准书号:ISBN 978-7-80723-219-3
定　　价:28.00 元

序言

在当今世界，有一批优秀的顶尖企业家，用自己的才智改变我们的世界和生活，人们称之为“企业巨擘”。他们的名字如雷贯耳，耳熟能详——洛克菲勒、沃尔顿、比尔盖茨、福特、希尔顿、松下幸之助……他们经营的事业影响世界，他们的事迹被广为传颂，他们的言语被视为格言，影响着每一个追求优秀的人。

但是怎么从一个默默无闻的凡人成为像他们一样的企业巨擘？如何闯出一番自己的事业名扬天下？相信这是每个不甘现状的人苦苦思索的问题。随着竞争压力的不断加强和经济结构的持续细化，想要从芸芸众生中脱颖而出，就变得难上加难。其实，很多人与成功无缘，缺的不是企图心，也不是因为执行不力，而是没有正确的方法，缺乏可以值得学习和参考的成功参照对象。

成功一定有方法。英国一位哲学家曾经说过：“要想不走弯路，最好的方法就是沿着已经成功者的足迹前进。”优秀的企业家，能在竞争激烈的社会环境中胜出并获得成功，他们可谓是人中龙凤，社会精英。他们的特点和经历，无疑是我们值得借鉴和学习的经典典范。

本书介绍的世界上最优秀的15位企业家，是当今企业家的楷模。成功没有偶然，更非命运的安排。他们都是白手起家的普通人，但通过个人奋斗，从一贫如洗到富甲天下，是从普通人到企业巨擘的优秀代表。这15位顶尖的企业家，看起来他们高高在上，要达到他们的境界似乎是痴人说梦，但是只要拿出你的企图心和行动，加上这本书，成功，你一定也可以！

这本书以通俗精练的语言和生动深刻的真实故事，真实记录了15位优秀企业家的成功历程和经营方法，揭示了他们改变命运走向成功的秘诀，是一本通往事业巅峰的实用指导手册。众多可行的成功理念和有效的实用方法，总有一种能带给你启发和指导，从中得到有益的借鉴和丰厚的收获。

最后，谨以此书献给天下主管经理、企业老板以及每一个渴望成功的人，但愿这本书能助你早日胜出，成就你的卓越人生。

CONTENTS

目 录

第一章

将杂货店开满全球的世界首富

——山姆·沃尔顿

第二章

从修车铺走出的摩托车之父

——本田宗一郎

第三章

裁剪出服饰帝国的小裁缝

——皮尔·卡丹

第四章

演绎营销魔术的汽车营销大师

——李·艾柯卡

第五章

从赤贫小子到金融寡头

——阿马迪·基安尼尼

第六章

修车学徒工出身的汽车大亨

——福　特

第七章

每年卖出200亿美元汉堡的快餐皇帝

——克劳克

第八章

称雄石油王国的霸主

——洛克菲勒

第九章

在战争废墟上建造起电器王国

——盛田昭夫

第十章

卖米卖出的“塑胶大王”

——王永庆

第十一章

5000美元开创希尔顿王朝的旅馆之王

——唐拉德·希尔顿

第十二章

数字时代雅虎传奇的缔造者

——杨致远

第十三章

创造微软神话的哈佛退学生

——比尔盖茨

第十四章

用100日元创造松下奇迹的经营之神

——松下幸之助

第十五章

人类童话王国的总工程师

——华德·迪斯尼

第一章

将杂货店开满全球的世界首富

——山姆·沃尔顿

现在的世界首富是谁？比尔盖茨吗？不！山姆·沃尔顿早就已经取而代之。山姆·沃尔顿从一家小杂货铺起家，开创了沃尔玛零售商业帝国，与比尔·盖茨并肩成为世界上最富有的个人奋斗偶像。山姆·沃尔顿坚持低价策略和客户至上原则，给世人带来了实在的惠利，缔造了一个让世界为之瞩目的零售商业王朝。

1918 年，山姆·沃尔顿出生于美国奥克拉荷马州的金菲舍尔镇。五岁时，全家搬到了密苏里州的哥伦比亚镇，他在那里读完了高中并上了大学。从孩提时期起，山姆·沃尔顿就下定决心要样样做得出色，这是他的天性。

1940 年 6 月 3 日，大学毕业刚三天的山姆·沃尔顿正式进入零售业，开始了零售大王的传奇生涯。经过 40 多年的潜心经营，沃尔玛从美国中部阿肯色州的本顿维尔崛起。迄今为止，沃尔玛商店总数达到 4000 多家，年收入 2400 多亿美元，名列全球 500 强之首，创造了一个又一个商业神话。

1992 年 3 月 17 日，当时的美国总统布什偕同夫人，专程赶到在本顿维尔的沃尔玛公司总部授予山姆·沃尔顿“总统自由奖章”，以表彰山姆·沃尔顿在零售业方面取得的非凡业绩。布什在颁奖典礼上致辞：“山姆·沃尔顿使人们更加接近，并与他人共同分享他所代表的美国理想。他是忠实于家庭的男人，企业的领导人，也是倡导民主制度的政治家。山姆·沃尔顿具有诚实、希望和工作的美德。美国向这位商业领袖致敬，祝他的生活和他的事业一样成功。”

沃尔玛几十年来业务蒸蒸日上，而且不断扩张。在全球经济不景气的情况下，沃尔玛仍然以良好的速度增长。山姆·沃尔顿以其勇于进取的决心，做出了让世人瞩目的伟大成就。沃尔顿和他的沃尔玛成功的秘密，就在有关沃尔顿的故事里。

12架专机为沟通做保障

曾经有一个人问山姆·沃尔顿："你是如何从一个开杂货铺的人，成为世界上最富有的人呢？"山姆·沃尔顿回答："任何一个企业的成功，不仅仅是因为一个单纯的因素，而是多重因素共同作用的结果。但是如果要从中选出一个我认为最重要的因素的话，那么我认为是沟通，与员工沟通，与客户沟通，与所有人开展积极有效的沟通，只有这样，你才有可能发现和把握每一个机会，永远保持卓越。"

在沃尔顿的经营理念中，沟通是最重要的。甚至早在沃尔玛还只有几家分店的时候，沃尔顿就一直在坚持和实践着这个基本原则。

为了保持及时良好的沟通，沃尔顿在信息管理和卫星通讯上花费数亿美元。沃尔玛内部每周六都要召开工作会议，就一周以来公司的各项问题和发展规划进行交流讨论。

在沃尔玛，每家分店经理和部门主管都必须非常清楚地知道自己店内的所有资料。因为信息共享，如果需要，他们也能够及时了解其他分店的有关资料，从而始终保持对自己的经营状况以及其它店的情况有清晰的了解。

由于分店数量太多，各店的主管无法与本顿维尔总部的供应商代表充分沟通，所以沃尔顿经常按部门举办研讨会。比如运动用品部，每一区域选一位部门主管集中到总部与采购人员进行交流，再与供应商代表交换对产品的看法，制定下季度的计划。这些部门主管回到本部后，再与同区域内同部门的其他主管分享所得信息。

沃尔顿认为，无论是多么高级的电脑网络和通信设备，都只能提供一些参考数据。比如：数据只能告诉你，店内的某种产品卖出了多少，而不能告诉你会有多大的市场空间。所以沃尔顿要求上至各级主管，下到采购人员，每周必须花3－4天的时间巡视分店，到基层了解和处理店内事务，他自己亦是如此。公司配备了12架专机，就是特意为这种旅行而准备的。地区经理和高级主管往往是周一外出，周四回到本顿维尔，然后飞机又载上采购人员飞往世界各地。周四经理主管们回到总部时，总能带回一些有价值的信息和建议，经过星期五的交流和讨论，拿出方案对策，一般星期六晨会后就能得到执行和落实。

同时，每个采购人员还必须到不同商店，在自己负责采购的商品部门担任几天部门经理，以使自己对所采购的商品有一种亲身的体验。

这就是沃尔顿的沟通理念，从阿肯色州第一家沃尔玛开业以来，他就是用这种沟通方式了解不同顾客的不同要求，不断调整完善公司的经营方法和经营理念，打造和谐团结的企业团队，从而使沃尔玛从一家不知名的小杂货铺发展成为今天的商业航母。

小镇策略：农村包围城市

在希腊神庙有一块巨大的石碑，上面只镌刻着几个大字——认识你自己，这句话倍受西方人推崇，影响了西方几千年。的确，人类可以探索神秘的宇宙，认知奇妙的万物，却不能正确地认识自己。要想做一番事业，获得成功，你就应该对自己有清晰的认识，知道自己的优缺点，给自己定好位，“得知道自己是谁”。有一位经济学家就说过：“准确定位是开创事业的第一步。”沃尔顿清楚地知道这一点。

在创业之初，沃尔顿就一直坚持走小镇策略。这样做就避免了和那些大型零售企业正面交锋。小镇的条件得天独厚，远离城市，顾客虽不多但消费能力却不低，而且竞争对手有限，小镇的这些特点为沃尔玛的立足生存和发展打下了良好的基础。

二十世纪五六十年代，在美国的偏远小镇，还是以传统的家庭式店铺为主，没有像大城市那样发达的大型商业，当时很多大型零售企业都认为小镇人烟稀少、交通不便、运输成本高，根本无利可图。这样就有了一个供需矛盾：小镇居民非常渴望能有物美价廉、品种齐全的商品来满足生活需要，但现有的产品让他们无法得到满足。当时沃尔顿意识到了这个矛盾，觉得有利可图，甚至大有可为，于是结合自己的实际情况，制定了小镇策略。

果然，当沃尔顿的第一家折扣商店在小镇开业以后，几乎没有任何竞争对手。除了当地的居民，周边的居民也大批慕名而来选购商品。小镇土地租金价格低廉，在加上顾客的口碑相传，商店马上就顾客盈门，财源滚滚。如燎原之火，沃尔玛迅速地发展起来。

从创业至今，沃尔顿一直信奉这样一条原则：美国乡村的顾客与那些离开农场迁到大城市去的亲戚一样，都非常希望买到物美价廉的商品。由于沃尔玛立足小镇为他们提供了低价的商品、满意的服务、方便的购物时间，所

以那些实行45%加成、品种和购物时间都有限制的老式杂货店，在沃尔玛的冲击下，纷纷退出零售业。

在二十世纪七十年代美国经济不景气的时候，大城市的零售商还在为销售不振、竞争激烈的现状而苦恼时，沃尔玛却因为独特的小镇策略发展方式，丝毫没有受到大环境的影响，保持了销售和利润的飞速增长。山姆·沃尔顿采用“农村包围城市”的策略来发展他的零售大业，这种渗透战略在实际运用中被证明是十分正确的。不可想像，如果沃尔顿一开始就实行城市策略的结果会是怎样。可以毫不夸张地说，沃尔顿的成功，归根到底是因为小镇策略实行的成功。

将低价策略进行到底

如果说沃尔顿的成功在发展定位和立足生存上可以归功于小镇策略的话，那么其在经营方法和发展方式上，则是销售方式和低价策略的功劳。

当山姆·沃尔顿布置好在本顿维尔的第一家商店后，他开始实行当时美国罕见的自助式销售方式，成为当时全美国实行自助销售的第三家杂货店。这种开放自由的购物方式，方便迅捷，自由随意，很快就得到了顾客们的认可和喜爱。

沃尔玛起步于美国中西部，在那里，无论是顾客量还是商品供应方面都无法与都市相比。沃尔顿明白，必须要找到适合小镇实际情况的发展战略才能发展沃尔玛。他找到了，这就是低价策略即低售价，高数量地进行销售。沃尔顿是这么说的："无论付出了多少费用，只要能得到利润就应当把大部分利润让给顾客。"为此，沃尔顿在商品进店后，首先列出发票上的进货价，然后根据同行业的调查估计出该商品的一般价格，最后再在这两个价格之间找出一个中间价作为实际价格，这样就保证了沃尔玛的商品价格始终低于其他竞争对手。

沃尔玛通过全面压低价格来保证货架上商品的数量，不仅要保证利润总量，而且要保证客源。换句话说，让顾客对该商品形成一种固定的认识——它的商品在任何时候都很便宜。由此不断地强化这一信息，使顾客对商店形成一种信赖感——就像人们一想到沃尔玛就会想到低价一样，从而成为沃尔玛的忠实顾客。

沃尔玛的低价策略坚持两个原则：一是价格要尽可能地低廉，只高出成本一点点；二是长期稳定地保持这种低廉价位。这两个原则即使是某些商品拥有某种垄断优势或者遇到意外情况也不轻易改变，这已经成为沃尔顿一种固定不变的营销战略。事实证明，这种策略是十分有效而且极具杀伤力的。

另外，沃尔顿也积极开展灵活多样的经营活动。沃尔顿经常在他的商店里试行大量行之有效的促销活动。比如把一台爆米花机放在人行道上卖爆米花，生意好得出奇。沃尔顿接着又向银行借了一笔在当时看来是天文数字的钱——1800美元，买了一台冰激淋机，放在爆米花机的旁边，又大大赚了一笔钱。

凭借着自己独特而有效的经营方式，沃尔顿的沃尔玛逐渐发展壮大，去沃尔玛购物已经逐渐成为美国生活方式的一项重要内容。

多省下一分钱，多一份信任

沃尔玛通过各种不同的方式带来的经济效益，都以不同的方式将利益分配给了顾客，从而更加有效地扩大了顾客群。所有的方法和努力，都只为一个目的：为顾客省钱，赢得顾客心。正因为如此，沃尔玛才能蒸蒸日上，一日千里。

沃尔顿为了节约成本，连一张纸都不放过，真可谓“视纸如命”。

有一天，山姆·沃尔顿在一家店面检查工作时，看到一位店员正在给顾客包装商品，随手就把剩下的一张包装纸、包装绳扔掉了。山姆·沃尔顿把纸和绳子捡起来，微笑着说：“小伙子，我们卖东西是不赚钱的，就靠这一点节约下来的纸张和绳子赚钱。”沃尔玛从来没有专业用的复印纸，都是用废纸的背面来复印。连沃尔玛的工作记录本，都是用废打印纸裁成的。

在沃尔玛，不管你是总裁，还是主管经理，繁忙的时候都是店员。美国人生活忙碌，平时去购物中心的人很少，而一到节假日，购物中心便人山人海。这时，几乎所有的沃尔玛商店都感觉人手不够，这时，沃尔玛从财务总监、经理主管到办公室文员，都要求脱下笔挺的西装，换上工作服，投入到繁忙的商场之中去做收银员、导购员甚至搬运工……这样就能省下一笔不小的人力费用。

众所周知，许多世界知名企业员工出差都是住四五星级宾馆，出门就打车，而作为世界500强之首的沃尔玛却没有世界级大公司的“气派”。连山姆·沃尔顿外出时也经常和别人住同一个房间。一般经理人出差都是住三星级酒店或者招待所。如此节约是为什么呢？山姆·沃尔顿说：“为顾客省钱。”

沃尔顿一再强调，要珍惜顾客所花的每一分钱的价值。沃尔玛的服务宗旨之一，就是为每位顾客省钱，多省下一分钱，就多赢得顾客一份信任。因此，沃尔玛的采购人员在采购货物时都要求供应商提供商品的最低价，而无

需任何形式的回扣。在品质相近的前提下，他们的进货原则是：哪家供应商便宜就要哪家的。沃尔顿曾经说过："采购人员不是为公司讨价还价，而是为所有顾客讨价还价，他们应该为顾客争取到最好的价钱，永远没有必要对供应商感到抱歉，他们自己清楚什么价位能赚钱，我们只要求供应商给出最低的价格。沃尔玛不搞回扣，不需要供应商提供广告服务，也不需要送货，一切沃尔玛都会自己料理，但必须得到最低价。"

宝洁公司是美国最大的日用品制造商，也是沃尔玛日用产品的最大供应商。沃尔顿要求宝洁公司降低商品价格，否则就不再销售宝洁的产品，但宝洁公司对此不以为然，他们认为沃尔玛离不开宝洁。沃尔顿回答说："那我们把高露洁的产品摆在宝洁产品的旁边，而且都比你们的便宜。看谁笑到最后!"最后，宝洁公司不得不做出让步。

后来，在沃尔顿的积极筹备下，宝洁公司和沃尔玛公司部分员工组建了一支队伍，建立了一种全新的供应商与零售商的关系。宝洁公司可以通过电脑监视其产品在沃尔玛各分店的销售以及存货情况，然后根据数据调整生产和营销计划，从而减少资本损耗，提高经营效率。

沃尔玛2002年虽然做到了全球500强之首，但仍然不遗余力地降低采购成本，监督全球工厂的每款产品的质量和价格。为此，沃尔玛在全球建立了21家办公室，监督全球工厂的每一款产品的质量和进货价。

殚精竭虑地压缩成本，让利于顾客，这种理念，引导着沃尔玛一步步走向成熟和壮大。

商品打折服务不打折

顾客是支撑零售业生存和发展的最基本保证。因此，沃尔顿在对待顾客的态度上是绝对不允许任何人打折扣的。谁赢得顾客，谁就赢得了竞争，对零售商来说尤其如此。山姆·沃尔顿比谁都更清楚地意识到这一点，在其经营中一直都遵循着“顾客第一”和“保证顾客满意”的原则。

在沃尔玛服务有三条基本原则：

1、尊重个人原则，努力将服务做到最好；

2、10英尺规则：任何一位职员，在顾客距离你10英尺（3米）以内的时候一定要问候；

3、太阳落山原则：员工或顾客的任何要求必须在太阳落山前得到解决或者答复。

山姆·沃尔顿深知，对于折扣百货店，要让顾客满意，最重要的是向顾客提供价格低廉的产品，而且这些产品必须是优质足量的。

沃尔玛利用大规模采购的优势，从采购开始就考虑对顾客的承诺，和供应商锱铢必较地讨价还价，尽量压低进货价格，实现“天天特价”。公司的采购人员，不是在为企业讨价还价，而是在替顾客争取最合适的价钱。对涨价率也是一再降低，从27%降到25%，后来又降到23%，用尽可能便宜的价格和种类齐全的商品来满足顾客。

商品不仅要物美价廉，山姆·沃尔顿还非常强调服务的质量。“无条件退款保证”要求只要是顾客拿不满意的商品来退，就无条件退款，甚至无需收据；“高品质服务保证”则要求经常对顾客的期望和需求进行调查，举办各种座谈，让员工树立服务至上的观念。

沃尔顿始终强调一点：商品零售成功的秘诀是满足顾客的需求，即顾客至上，以满足顾客需求为己任。

在“顾客第一”思想的指引下，沃尔玛逐步壮大，发展为世界超一流的零售王国。正如可口可乐公司董事长兼总裁罗伯特·古兹维塔先生所说：“沃尔顿比其他人更清楚，企业的生存离不开顾客。”

因此他一直强调，零售业所有工作的中心和努力的方向是在为顾客服务方面，沃尔顿一再告诫自己的员工：“我们的公司谁是最大的老板？顾客！我们都是为顾客工作。”

有一次，一位顾客到沃尔玛商店寻找一种特殊的油漆，而沃尔玛商店没有这种商品。他们并没有一推了事，而是由油漆部门的经理亲自带这位顾客到对面的油漆店里购买，这让顾客和油漆店的老板感激不尽。

沃尔顿认为，正是由于沃尔玛尊重顾客，把顾客利益看得最为重要，它才能从小镇起步，逐渐发展壮大。不管什么时候，顾客只要走进任何一家沃尔玛连锁店，肯定会找到价格最低的商品和他希望得到的真正的服务。在每一家连锁店，顾客都会有一种宾至如归的感觉。

正是基于这样的理念，使得全世界不计其数的顾客一次又一次地将大把的钞票送到了沃尔玛的零售店里。一个人树立一个观念并不难，难的是将其不折不扣地实施下去，并能使之普及并演化成一种模式。沃尔顿之所以能成功，就是他做到了这一点。

把员工当成“合作者”

沃尔顿的人才观是有很多高明之处的，其中很重要的一点是建立管理者与员工之间的良好合作关系，这被沃尔顿称为全体成员之间的“合作关系”。

员工与公司之间从传统的雇佣关系转化为伙伴关系，在无形中使员工觉得自己是公司的主人。所以，在工作中就能兢兢业业，忠于职守，这样就为沃尔玛的发展增添了无限生机。

沃尔顿之所以把雇员称为“合作者”，这和他个人的经历有直接关系。当他还是潘尼公司的店员时，老板詹姆斯把他的雇员称为“同事”，也就是“合作者”，这在沃尔顿的脑海中留下了深刻的印象。而将此称呼在沃尔玛公司付诸实践的念头却来源于沃尔顿在英格兰的一次旅行。他看到J.M.刘易斯合伙公司的招牌，上面列有所有员工的姓名，告诉大家管理者与这些员工之间是一种合作关系。山姆回到沃尔玛就做出了一项决策——从此把商店员工称为“合作者”，而不再是雇员。而沃尔玛在做出这个决策时，本身就包含了这样一个决心——从此以后，尽量给员工以更平等的对待，真正建立起一种合作关系，而不只是一种形式上的称呼。

事实上，这种“合作关系”在沃尔玛公司随时体现出来，它把整个沃尔玛凝聚成一个整体，使所有的人都具有凝聚力，从而主动地为沃尔玛公司的发展壮大而付诸努力。沃尔顿指出，当一个管理者开始尝试把员工当作“合作者”时，他很快就会发现，这将有助于公司进一步发挥其巨大潜力。而且，员工们也很快发现，随着公司状况的改善，他们的薪酬也在增加，这是一个双赢的结果。

1971年沃尔顿与员工的合作关系又有了新的突破：实施一项由所有员工参与的利润分享计划。这个计划规定：每一个在沃尔玛公司工作一年以上，并且每年至少工作1000小时以上的员工都有资格分享公司当年的利润。这对激

励员工的积极性是一个很大的动力。在此基础上，沃尔顿又制定了一系列行之有效的计划：

雇员购股计划是沃尔顿让员工通过工资扣除的方式，以低于市值15%的价格购买本公司股票。这样，80%以上的员工或借助利润分享计划，或直接地拥有沃尔玛公司股票。公司还推行了许多其他的奖励和奖金计划，其中最成功的奖金项目之一是损耗奖励计划，让员工们共享公司因减少损耗而获得的赢利。比如，如果某家商店将损耗维持在公司的目标以内，该店每个员工都可获得奖金，最多可达200美元。结果，这一计划十分见效，沃尔玛上下掀起了控制损耗的高潮。由此，沃尔玛建立起公司内部真正意义上的“合作关系”，形成了包括利润分享、奖金、股票折买等一整套合作体系。

据统计，沃尔玛的劳资双方分红计划从1972年1月开始实施，当年公司分红额为17万美元，128人分到利润。这笔款项随着公司的利润和股票的升值而增长。到1985年时达到2.18亿美元，1986年3.03亿美元，1987年4.53亿美元，1988年5.25亿美元，1989年6.49亿美元。而到了1992年，这笔资金达到18亿美元。

到了80年代末期，沃尔玛公司93名退休员工都得到一张数额不低于10万美元的信托专项基金支票，这些人中，有不少是管理人员，甚至还有兼职员工。这笔收入让他们兴奋不已，同时也坚定了其他人努力工作的信心。

沃尔顿发现，这种合伙关系的建立使沃尔玛公司增强了竞争力，他们以此吸引和留住了人才。而且，从长远来看，由于信任，公司才能一直沿着正确的方向迅速发展。在山姆看来，沃尔玛与员工间这种真正意义上的合伙关系是公司在竞争中不断取胜的重要因素。

这种合作理念，从某种意义上说，是沃尔玛不可或缺的发展原动力。因为职工的积极性是推动事业壮大的最大力量。任何一个环节少了员工，就会使沃尔玛运转的链条出现问题。由此可见，与员工建立合作关系是沃尔顿经营管理的高明之处。

任何员工都是平等的

在沃尔玛，任何员工都是平等的。比如，在公司总部的办公楼前，公司中任何人，包括沃尔顿本人在内，都没有自己的固定车位。平等还体现在公司内形成上下开放的沟通环境当中。每个人都可以为企业的经营献计献策，都有机会把它们充分表达出来；每位员工可以向经理表达他的看法，包括建议和意见。在每年的年会上，员工还可直接向总裁当面陈述，发表从工作条件到公司发展方向的任何看法。而且，从沃尔顿到区域经理、各级主管，每周都有三四天在各分店视察，了解店内情况，听取员工意见。

对于沃尔顿而言，一个头脑灵活、懂得激励员工的经理，无论在什么地方都能够通过尊重员工，善待员工并严格要求他们，最终使他们成为公司的优秀一员。而且，沃尔顿极力保持内部管理层与员工之间的经常交流，努力让每个人感到自己是沃尔玛大家庭的一员。

在沃尔玛总部，经常能看到一些员工大老远地从密西西比或德克萨斯的什么地方开着小货车来到总部大厅等着见董事长。虽说沃尔顿并不可能与每一位前来等待的员工见面，而且未必能解决每个问题或赞同每个意见，但通过这个过程，它对外展示了公司内部的开放环境，让员工感到公司真心乐于关心他们和帮助他们。20世纪80年代末，一位来自佛罗里达大学营销专业的学生在沃尔玛的配送中心工作了一个夏天，提出了一个使工作更有效的建议——如何更快地填写订单，结果建议被采纳，公司以他的名字在佛州大学设了一个5年期的营销专业奖学金，以表示对员工创造性建议的鼓励。

公司经营情况的所有数据都定期公布，包括所有分店的利润、销售额和折扣幅度等，这样做虽然可能导致内部信息外泄，但员工们只有了解公司的经营状况和自己的业绩，才会更努力地工作。沃尔顿还有一项激励措施就是：如果有谁提了特别好的建议，哪怕是一个钟点工，也会被请来参加周六上午

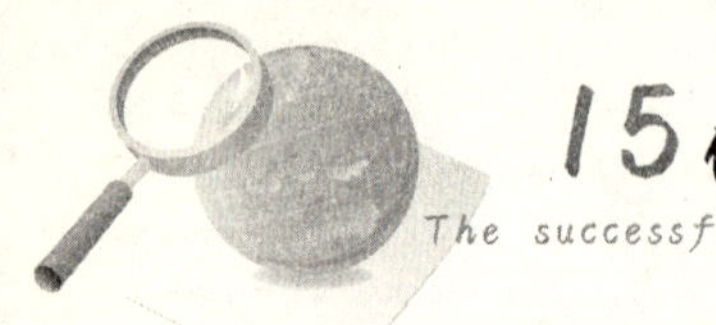

的例会，经各位经理讨论和肯定，将同样获得奖励。这更充分表明沃尔顿对每一位员工的价值都很重视。

对于员工的价值，沃尔顿认为，员工是最了不起的资源，他经常在公司里强调：员工是变革和创新的最重要源泉，最好的建议往往来自第一线的员工。沃尔玛到目前为止在全国拥有3000多家分店和几十个配送中心共有90万员工，是全美雇员最多的公司。

沃尔玛公司没有等级概念，公司是一个为同一目标行动的团队，包括董事会成员、经理人员和所有合伙人都是一样。在这个团队中，每个人都是公司平等的一分子，只有职位之分，没有等级高低。在公司里，公司员工彼此互称同事或直呼其名，突显公司平等友善的文化。主管或经理则被称为“教练”，在合适的时候，会主动帮助员工进一步提高工作能力。

同时，公司给每一位员工提供平等的竞争机会，鼓励和诱导每一个人最大限度地展露才华，因而不少高级管理人员都出身于普通员工。

沃尔顿善待员工还表现在以表现改变偏见，无论员工是男是女，是普通工人出身还是大学生都一视同仁。

沃尔顿要求每一个员工的工作牌上都写着“我们的员工与众不同”这句话。这一方面是对顾客的一种承诺，另一方面体现对员工的尊重，正像沃尔顿自己所说，“我们要善待每一位员工”。

正是这种平等开放、精诚合作的态度，使得沃尔玛虽然店面遍布全球，但又能步调一致，所向无敌。沃尔玛跃居世界零售业首位的成绩，与沃尔玛每位员工的努力都是分不开的。而这种努力的源头，正是出于沃尔顿善待和团结每位员工的经营理念。

沃尔顿说过：**“我认为，如今我们所从事的这个行业中，最大的挑战是如何成为员工的真正领导者。一旦做到这一点，这支由优秀管理者和员工组成的团队，就可以战胜一切！”**

第二章

从修车铺走出的摩托车之父

——本田宗一郎

出身贫寒、白手起家的本田宗一郎，经过艰苦卓绝的拼搏和奋斗由一个小镇上的汽车修理工一跃成为世界闻名的摩托车之父。他虽然只有小学文化，却拥有100多项发明专利，一手创造了声名赫赫的本田公司，被誉为日本的爱迪生。

他创建的本田公司生产的摩托车占世界总产量的四分之一，年产量150万辆的本田汽车与丰田汽车并驾齐驱。他是创造日本战后经济奇迹的杰出者之一。

本田宗一郎1907年出生于日本名古屋的滨松镇。15岁时去东京当车辆修理学徒工。30多岁时读过几年技术专科学校。1945年日本战败后，他在黑市上购买到500只发电机的小引擎，并将其安装在自行车上，这种原始的本田摩托车颇受欢迎。本田宗一郎抓住机会，建立了本田技研工业株式会社，正式开始了本田摩托车的生产。

1947年本田技术研究工业股份有限公司成立

1960年本田摩托车突破149万辆，居世界第一

1961年本田摩托在英国举行的比赛中取得优秀成绩，确立了其国际地位

1962年本田涉足汽车界

1973年本田技术研究工业有限公司在日本汽车界排名第三，在摩托车界是世界“摩托之王”。

……

现在，本田已经跻身于世界一流汽车厂家，在世界各地设立销售、生产子公司40多家，投资总额近千亿日元，其汽车年产量200多万辆，全年营业额超过400亿美元，位居世界工业企业前列……

美国机械工程师学会设有一种荷利奖，专门用于奖励那些在机械工程领域做出了杰出贡献的人。迄今为止，该奖项只颁发过两次——1936年奖励了有“汽车大王”之美称的美国人亨利·福特和1980年奖励了日本人本田宗一郎。据此，人称本田宗一郎为“日本的福特”。

从保姆开始做起

1922年，本田宗一郎小学毕业了。他在“轮业世界”杂志上看到东京亚多商会的一则招聘广告，早就痴迷于机械的他，写了一封信给亚多商会。本田宗一郎的母亲反对他远离家乡到东京去应聘，她有六男两女，本田宗一郎是长子，而且才15岁还是个孩子，她想把他留在身边，但是父亲非常支持本田宗一郎的想法。

期待已久的聘书终于寄来了，本田宗一郎在父亲的陪伴下登上了去东京的火车。火车在原野上飞驰，他既兴奋又有些忧伤。在东京下了火车后好不容易才找到亚多商会的所在地汤岛。他原以为亚多商会是个规模很大的汽车修理厂，没想到是个油污满地，很不起眼的小店。但本田宗一郎想到能和朝思暮想的汽车打交道了，心里又坦然了。

亚多商会只有15名老员工，新来的本田宗一郎年纪最小。在一间昏暗的房子里，他与师兄们渡过了来到东京后的第一个夜晚。第二天，老板把一个刚会吃奶的孩子交给了他，并告诉他，他以后的主要工作就是照顾小孩，这对一心想学汽车技术的本田宗一郎是个不小的打击。

他别无选择，只有留下来当小保姆。好在店内有许多关于汽车的书籍供他阅读。他常常深入书中而入了迷，直到孩子在他背上撒尿淋到他身上才把他从书的世界中唤回来。这一段时间是本田宗一郎读书最多的时期，正是书籍才让他在失望焦躁中安定下来。

一年以后，本田宗一郎终于摆脱照顾孩子的角色，可以满身油污地在需要修理的车辆之间，给师兄们当助手了。他专心致力于汽车修理，在修理厂一呆就是六年，修理技术得到迅速提高。这期间，宗一郎还制造了赛车，用戴姆勒·奔驰轿车的底盘作车身，又从附近的航空学校买来飞机上的发动机，改进后装在赛车上，并参加比赛获得了一等奖。六年后，宗一郎全面掌握了汽车修理技术，便结束了学徒生涯，回到家乡在滨松市开设了一家汽车修理厂——“技术商会滨松支店”。由于他技艺高超，待人诚恳，生意非常兴隆。

第一份工作虽然看起来很不起眼，但毕竟是他迈向汽车业的第一步，因而他十分珍惜这份工作。可以说，在当时汽车虽然不再是一个新鲜的东西了，但是对于从乡下来的本田宗一郎而言，这份工作正是他梦寐以求的，也为他将来的发展打下了坚实的基础。

风雨过后见彩虹

和其他所有的公司一样，不管它的规模有多大，本田宗一郎的发迹也是因为不屈不挠的意念及不懈的毅力所致。

1938 年，本田先生还是一名技术学校学生的时候，就变卖了所有家当，全心地投入研究制造汽车活塞环。他夜以继日地工作，与油污为伍。饿了，吃几个冷饭团；累了，倒头就睡在工厂里，一心一意想早日把产品制造出来，以卖给丰田汽车公司。

为了继续这项工作，他甚至变卖妻子的首饰，最后产品却被认为品质不合格而被打回。为了求取更多的知识，他重回学校苦修两年，期间经常为了自己的设计而被老师或同学嘲笑，说他不切实际。

他忍受着来自各方面的痛苦和压力，仍然咬紧牙关朝目标前进，终于在两年之后取得了丰田公司的购买合约，完成了他长久以来的心愿。他能如此，全是因为清楚知道所追求的目标，然后付诸行动，坚持到底，直到成功。

此后，一切并不是一帆风顺，他又碰上了新的问题。当时，日本政府因为二战物资紧缺，不卖水泥给他建造工厂。本田决定另谋它途，和工作伙伴研究出新的水泥制造方法，建好了他们的工厂。然而在战争期间，这座工厂遭遇美国空军两次轰炸，毁掉了大部分的制造设备，本田宗一郎又是如何应对的呢？

本田宗一郎马上召集员工去捡拾美军飞机所丢弃的汽油桶，称其为“杜鲁门总统的礼物”。因为日本战时物资紧缺，而这些汽油桶刚好提供了本田工厂制造用的材料。在此之后他们又碰上了地震，整个工厂被夷为平地，这时本田先生不得不把制造活塞环的技术卖给丰田公司以渡过难关。

经过艰辛的钻研，1951 年，本田推出四档的 E 型发动机。1952 年本田公司的资金已经达到 1500 万日元。同年，由于本田宗一郎开发小型引擎有功，天皇授予他蓝绶褒勋章，并请他参观皇宫。

本田公司的业绩一直在直线上升，引起了证券公司的关注。1954年，东京证券市场开始交易本田公司的股票，公开售价为130日元。这时，本田宗一郎毫不犹豫地放弃了滨松的大本营，采用了藤泽武夫的建议，将公司总部迁到东京。

事业上的突飞猛进并未使本田宗一郎陷入沾沾自喜的短视中，相反，他看到的是随时会降临的危机和破产。此时，由于摩托车走俏，在日本已经有100多个工厂生产摩托车，竞争的残酷性可想而知。

本田宗一郎去英国考察的时候，亲眼看见了世界上最先进的摩托车生产状况。与世界先进水平相比，他明白日本的摩托车制造工业还比较落后。

尽管公司接二连三推出的新产品击退了竞争者，但是公司正面临创业以来最不景气的时期，坚挺的本田股票火热了一阵之后已出现下降趋势。几种新型摩托车尽管竭力求新，销售仍不理想。刚刚从德国购进的价值四亿日元的机床已成为沉重的压力，本田宗一郎得为偿还进口机床的贷款而东奔西走。本田公司似乎陷入了困境，社会上甚至谣传本田公司要倒闭了。

在本田宗一郎的意识里，本田公司是不能屈居人后的，更不能销声匿迹，它要在逆境中站稳脚跟，它要冲出本土与国际对手竞争。本田宗一郎曾经写下本田历史上著名的“狂人宣言”：“我们充满了必胜的信心，天生的斗志不允许我们这样苟且地经营，本田技术研究工业公司的使命在于给日本企业界以启蒙。我在这里宣布我的决心与诸君的共同宣誓，为了本田的未来，我们将殚精竭虑，锐意创新。”

凭借本田宗一郎的“狂人精神”，本田公司上下一心，很快就走出了困境。

虽然处于逆境，但是本田一郎的信念是永不屈服的。他知道，任何退缩，都会导致无可挽回的失败。本田汽车之所以能够有今天的成就，可以说全是本田宗一郎的决心和毅力造就的。

鲇鱼效应：激活团队活力

管理专家认为，公司的人员基本上由三种类型组成：一种是约占20%的不可缺少的骨干精英；二是占了约六成的兢兢业业的勤奋人才；三是拖企业后腿的庸才，这种人约占20%。那么，如何使前两种人增多，使第三种人减少，让自己的公司充满活力呢？这是本田宗一郎在管理上碰到的一个棘手问题，而完美解决它的灵感，就来自于鲇鱼。

当时，为解决这一问题，本田宗一郎找来一位资深管理专家商量此事。这位专家给宗一郎讲了一个日本渔民捕沙丁鱼的故事，最终让宗一郎茅塞顿开，豁然开朗。

沙丁鱼喜欢密集群息，往往捕捞上来之后，因为拥挤碰撞，容易窒息休克而死。所以，日本渔民出海捕沙丁鱼时，每次都要在鱼箱里放一条大鲇鱼。鲇鱼进入鱼箱后，因为进入陌生的环境，就四处游动，到处挑衅。而习惯群息的沙丁鱼受到“陌生的异类”冲击后，也会变得紧张起来，不停游动。这样就大大提高了捕捞上来的沙丁鱼的成活率。

受鲇鱼的启发，本田宗一郎立即开始对公司进行人事方面的改革，不是不停地淘汰员工，而是着手向外部引进“鲇鱼”，以激活那些缺乏活力的“沙丁鱼型”员工。

改革首先从死气沉沉的设计部门着手，本田从其他公司挖来了一个年轻的设计部副经理担任本田的设计部经理。此人出任设计部经理后，员工的工作热情被极大地调动起来，活力大为增强，富有竞争力的新产品不断被研发出来，公司的销售业绩也是接连上升。更重要的是，在设计部的带动下，公司其他部门的员工也因为受到压力，热情和活力被激发了出来，整个公司的精神面貌为之一新。

日本是一个推崇终生聘用制的国家，大多数人都是进入一家公司开始一直工作到退休，可谓“从一而终”。相应地，用人单位也大都倾向于招聘第一次就业者，很少采用中途聘用的方式。本田却每年都保持一定的中途聘用比例，这在日本的企业中显得非常“另类”。

“我们把中途聘用人员此前的工作经历和感受当作是一种财富。正是他们，把其他企业的思维和资源引进过来了，有比较才能发现差距，找到差距才能进步。”本田宗一郎对于中途聘用人员的作用有着深刻的理解。

当然，激活休克“沙丁鱼”的，不只局限于那些“中途聘用”的人员。性别、专业、受教育程度、生活背景等的差异性，都被本田用来充当“鲇鱼”的功用。

“想法完全一样的两个人，其中一个是多余的。”这是“本田名言录”里的一句至理名言。在本田宗一郎看来：正是因为两人的意见不相同，为公司提供了更多的思考角度，本田公司才得以减少犯错的风险。这正是本田式的尊重差异化的生存之道。

谁最有本事谁就上

“本田技研的信条是注重年轻化。所谓的年轻化，是就感受性、行动能力、智慧、创新精神等方面而言，其中最主要的是行动能力。我希望在座的各位年轻朋友好好珍惜。”

这是1986年4月1日，本田技研第三位社长久米是志对700名新员工所发表的训话内容。这位提倡“人才年轻化”用人观的久米是志是在1983年10月召开的股东大会后就任社长的，当时他只有51岁。同时当选副社长的吉泽幸一郎和茅野彻郎，也不过52岁。在当时号称营业额为2兆日元的本田，竟然由50岁左右的人担任总裁，这在极其讲究资历和经验的日本是罕见的。由此可见，本田宗一郎所提出的“年轻化”原则并不是一句空洞的口号。

要说本田技研注重年轻化这一点，河岛喜好就任第二任社长则更为出人意料。有了河岛的先例，久米任社长就自然让人觉得水到渠成、顺理成章了，而河岛的上台则是本田宗一郎坚持公司领导层年轻化政策的结果。

1973年10月，本田宗一郎和副社长藤泽武夫突然宣布退居幕后，此事在日本引起极大地轰动。但更令人感到意外的是新任社长是如此年轻。那时河岛喜好才45岁，比本田整整小了22岁。本田宗一郎这样解释公司的决定：“如果像某些公司那样，让庸碌无为的人当社长，那员工们可就倒霉了。”

本田的话蕴含了这样的信念：若公司领导人超过了55岁，就不可能在企业中执行富有生气的经营管理。河岛45岁任社长，1983年55岁的时候让贤于久米是志。由于本田把这种信念彻底贯彻到人事更替方面，才形成今日的本田技术研究虎气生生的局面。

在创业之初，本田公司就非常重视年轻人。本田宗一郎本人就一直强调：在决定人事晋升时，资历绝不是重要的考虑因素。谁最有本事，谁最有才干，谁就有资格获得重要的职位。

凡是对现行的做法提出质疑、挑战的年轻员工，历来受到本田公司最高管理部门的重视。管理部门常常用这句话来鼓励年轻的员工："如果资历浅的人不向资历深的人提出挑战，就没有进步。"

年轻的员工在这种激励下，往往能做出出众的成绩。如由年轻的设计人员改进或重新研制的新型车，一经问世，倍受用户的欢迎。如今，在本田公司的经销本部和产品陈列室中，置放着年轻设计人员为满足各个不同层次顾客的要求而精心设计的产品。第一系列的经销部出售若干种深受年轻人喜爱的适宜于外出兜风、越野且省油价廉的轻型车；第二系列的经销部则专门销售装潢考究、车体华美的豪华轿车；第三系列的经销部则销售最新款式、价格适中的新潮轿车。1992年，本田公司的年轻人特别为中国市场设计的SILKY125木兰型摩托车，无论在外表还是性能、装备方面，均有突破性的表现，获得了良好的市场反应。

招贤纳士，构建卓越高层

二战后，本田宗一郎凭借着组装简易摩托车生意赚了不少钱。其他人也因此看到这行业有利可图，纷纷转向摩托车行业，一时间到处都是摩托车店。面对几十家竞争对手，头脑灵活的本田宗一郎决定生产真正的摩托车。他拿出100万元资金，将原来仅有十几人的“本田技术研究所”改名为“本田技术研究公司”。

1948年，本田宗一郎的公司刚刚成立，他的第一事业伙伴，日后接替他任社长的河岛喜好加入公司。河岛是本田宗一郎曾经听过课的滨松工业专科学校（静冈大学工业部前身）的毕业生，对引擎有浓厚的兴趣。

有了河岛的加盟，开发摩托车的速度加快了。当时，滨松还没有本田宗一郎的竞争对手，但东京、名古屋的摩托制造厂家已经为数不少。要在竞争中取胜就必须技高一筹。本田宗一郎很快跨入了研制的关键——引擎，他们先后研制了A型、B型和C型发动机，但是他们觉得都不够理想。

1949年8月，他们的研究终于有了新的突破，研制出了双缸98CC输出功率为2.3马力的小型引擎——梦幻D型发动机。

在刚刚研制出梦幻D型引擎的时候，本田宗一郎又迎来了另一位事业上的伙伴藤泽武夫，日后作为本田宗一郎的辅佐人，同样为本田公司立下了汗马功劳。

本田的本田宗一郎和藤泽武夫的传奇故事，令人称奇。1943年，33岁的藤泽武夫开设日本机工公司，向中岛飞机制作所供应零件。当时，本田宗一郎所在的东海精机，也是中岛飞机制作所的零件供应商。不过，两人虽然对对方有所耳闻，却从未谋面。

1949年夏天，藤泽武夫从一位老朋友那里知道本田宗一郎有意到东京发展，正在寻觅投资合作伙伴，让藤泽武夫帮忙找找看。藤泽武夫当即表示：“不用找了，就我吧！”在这位老友的家中，藤泽武夫和本田宗一郎初次见面，一见如故，聊得非常投机，于是藤泽武夫关闭了自己的公司，开始了和本田宗一郎的合作。

索尼的井深大曾经评价说，“藤泽武夫是一位使本田100%发挥才能的精明经营者，本田宗一郎则是100%信任藤泽才华的幸运天才技师。”

作为第一号人物的本田宗一郎，对第二号人物藤泽武夫极度信任。本田宗一郎一般都穿着工作服呆在研究所里，和河岛专攻技术，对销售、财务、管理制度等，几乎不闻不问，也极少到本田总公司去。他甚至把公司公章、社长印章都交给藤泽武夫保管，还常常开玩笑说：“六本木（他对藤泽的称呼）才是本田的社长，我只是挂个名罢了。”

个性的巨大差异，并没有成为他们合作的障碍。除了“让本田不断茁壮，永续经营”这一点之外，两人几乎没有任何相同之处。本田宗一郎身材不高，走路急促，很少穿和服；藤泽武夫身材高大，走路很慢，爱穿和服。两人相互以地名称呼：1964年本田宗一郎迁居到东京新宿区的西落合，从此藤泽武夫叫他“西落合”，本田宗一郎则“以牙还牙”，叫住在六本木的藤泽武夫为“六本木”。

1989年，本田宗一郎入选“美国汽车名人殿堂”，他专程来到藤泽武夫灵位前，告诉他：“六本木，这项荣誉一半归你，请笑纳！”

就这样，通过招贤纳士，不断引入技术和经营人才，本田公司的技术和销售力量一步步雄厚起来。一边是本田和河岛潜心专攻技术，一边是藤泽武夫苦心经营管理，构建了技术经营卓越的高层团队，这一举措为本田公司的发展和崛起打下了良好的基础。

简单真理：三个喜欢

从一家名不见经传的小企业成长为世界级企业，在这五十多年的经营历程中，本田宗一郎悟出了一个简单的道理：让干的人喜欢，卖的人喜欢，用的人喜欢，就不愁企业长不大，不愁不能成为世界领先。

这“三个喜欢”缺一不可，就像三条腿的凳子，构成一个稳定的支撑面，只有形成稳定的支撑，企业才可能成长。不能使干的人喜欢，就不会使用的人喜欢；但仅仅使干的人喜欢，并不一定导致用的人喜欢。没有合作者、供应商的喜欢，干的人和用的人的喜欢是不能持久的。

企业实现“三喜欢”的目的是什么？是赢得忠诚。员工的忠诚、顾客的忠诚、合作者的忠诚。本田正是靠诚信打天下的，这是他经营本田数十年的基本理念。按照服务利润链的理论，企业收入和利润的增长，来源于忠诚顾客的重复购买，而顾客的忠诚来源于顾客的满意，也就是顾客认同服务的价值；服务的价值来源于直接为顾客提供服务的一线员工的工作效率和工作质量，而一线员工的克尽职守来源于他们对企业的忠诚。员工有忠诚，才可能有奉献，员工有忠诚，才可能有专注，只有长期专注于某一问题、某项工作，才可能有所发明，有所创造。

创造忠诚的不是金钱，不是工作环境，不是终身雇佣，而是企业的公正和公平。在员工评价和报酬中坚持成果导向，是建立企业内部公正的关键。根据业绩和工作能力、而不是所谓的态度、学历、资历等似是而非的东西来评价并确定薪酬标准。要做到这一点，不能靠企业家和经理人的人格，或者所谓企业的核心价值观，而是要靠程序。程序是制度的核心。

从“三个喜欢”这简单的四个字中，本田宗一郎让我们窥见了深藏于企业经营理论中不变的真理。

1973年，这位世界工业史上的巨人——本田宗一郎，作为“本田王国”的

创始人，结束了自己的历史使命，果断的将担负本田的重担交给了年轻人，对于一个如此热爱这份事业并为之奋斗一生的人来说，这需要何等的胸襟与气魄。这一轰动全球的交接仪式在本田宗一郎平和的心态中完成了。本田公司继续迈着稳健的步伐前进着。

1991年8月5日，为世界汽车业留下了光辉一笔的本田宗一郎去世了，但他“三个喜欢”的企业口号和“三个尊重”的经营经验却在这个行业继续引导着一代又一代人。

第三章

裁剪出服饰帝国的小裁缝

——皮尔·卡丹

从一个裁缝的学徒，到享誉世界的服饰大师，皮尔·卡丹这位在法国与艾菲尔铁塔和戴高乐总统齐名的服装巨头，可称得上是个有着优秀成功理念的强者。往往人们总是乐于去看一个人成功的一面，却很少有人去探究他们成功的过程。如果我们去分析一下他的成功过程的话，我们就会明白，每个人创业成功的背后，都有其不平凡的经历。

1922 年，皮尔·卡丹出生于意大利威尼斯市附近的一个小村庄，他的父母都是酿酒厂的工人。皮尔·卡丹刚刚小学毕业，其父就因病去世，家里十分贫困，因此他不得不靠打工糊口。

1936 年，十四岁的皮尔·卡丹在一家裁缝店里找了一份工作，对服装产生了浓厚的兴趣并在那里学会了缝制服装的手艺。

1945 年，23 岁的皮尔·卡丹怀着对时装之都巴黎的向往和梦想，骑着一辆旧自行车来到了首都巴黎。他先后在“帕坎”、“希亚帕勒里”和“迪奥”这三家巴黎最出名的时装店当了五年的学徒，为以后的创业打下了坚实的基础。

1950 年，立志做一番大事业的皮尔·卡丹在巴黎开了一家小裁缝店，开始了自己的创业生涯。

1953 年，皮尔·卡丹第一次举办了个人时装表演，独出心裁编排的配有音乐伴奏的时装表演，使卡丹设计的时装更具诱惑力。从此，皮尔·卡丹和他的服装公司名声大振。

今天，皮尔·卡丹的“P”字时装已成为世界上现代时装的著名品牌，以“高尚、优雅、大方”著称，皮尔·卡丹也因此三次荣获法国时装最高设计奖——金顶针奖。

经过半个多世纪的不懈努力，1992 年，皮尔·卡丹正式荣获法兰西艺术学院院士头衔，这是法国学术界的最高荣誉，卡丹是第一位获得这一头衔的时装设计师。皮尔·卡丹从一个小裁缝走向了亿万富翁，在他的手中，每根针线，每块色彩，都充满了神奇的魅力。他就是用这种神奇的针线和色彩征服了法国乃至全世界的世装界，创造出一个举世瞩目的“卡丹帝国”。

卡丹成功的秘密武器

皮尔卡丹拥有庞大的服装业和饮食业，他不仅在法国拥有一百多家分店，而且在世界上近百个国家开设了分店，皮尔·卡丹本人拥有资产近百亿美元。

曾有人向皮尔·卡丹请教过成功的秘诀，他很坦率地说："创新！先做出一番设想，接着把它变成现实，然后再不断地自我怀疑，提出设想，反复思考，这就是我的成功秘诀。"的确，从1959年举办男装展览会，到率先给自己制作的服装印上自己名字的缩写字母，卡丹的经历中无不展现着"创新"二字。

在变幻无穷的市场中，来自企业内外的各种力量都在不断地推动着企业创新并创造独具特色的产品。面对顾客对新产品的不断需求，企业必须不断地开发新产品来塑造自身的竞争优势。石油大王洛克菲勒曾说："我讨厌模仿。如果你要成功，你应该朝新的道路前进，不要走被踩烂了的成功之路。"

大胆创新，始终是皮尔·卡丹设计思想的中心。他运用自己的精湛技术和艺术修养，将独特的款式设计和对布料的理解，把衣褶与几何图形巧妙地融为一体，创造了突破传统走向时尚的新形象。他设计的男装如无领夹克、哥萨克领衬衣、卷边花帽等，为男士穿着创造了更大的自由空间。他的女装擅用鲜艳的红、黄、蓝、湖绿、青紫，其纯度、明度、彩度都格外饱和，加上其款式造型的夸张，颇具现代雕塑感。

皮尔·卡丹认为服装总是在不断地随着潮流变化，如1900年前后，妇女连衣裙的后面有个鼓起的腰垫；1925年，姑娘们的连衣裙较短，形状像把伞；1940年时，妇女长长的上衣遮得裙子只露出几个公分；1960年以后则是超短裙风行。而且服装也会随着季节的不同引起服式上许多细小的变化。所以必须紧跟社会潮流，只有不断创新，才有生命力。

卡丹说过：**"我很明白我已陷于一个镀了金的牢房之中，我成了奴隶，**

一个我自己与我周围环境的奴隶。我仿佛置身于一个快速旋转的飞轮上面，欲罢而不能……创新，先有设想，后付诸实现，又不断进行自我怀疑，这就是我最爱的生活。”

皮尔·卡丹是一位成功的企业家，也是一位成功的革新家，他以独树一帜的创新精神，向服装业的因循守旧勇敢地挑战，不仅改变了世界服装的趋势，也开拓了美感的新领域。

光卖名字年收入数亿美元

外面的世界虽然丰富多彩，但在皮尔·卡丹的手里它更加绚丽夺目。在法国这样一个时装大师层出不穷的地方，拥有无数世界级的大师。皮尔·卡丹不仅能与他们平分秋色，甚至比他们更出色。在遥远的东方，他的知名度大过任何其它一位服装设计师。

一个人有了名气，他的名字就可以卖钱。换句话说，“名气”这东西也可以成为一种特殊的商品。

皮尔·卡丹善于与各国的上流人物接触并从政治上引起重视，从而提高自己的名声，在产品还没有进入市场时，品牌的名声已先在民众心里扎下了根，而一般人又都想买早已闻名的商品，所以皮尔·卡丹的品牌大受欢迎。

许多人都知道，皮尔·卡丹是一个著名的服饰品牌，但是很少有人知道皮尔·卡丹还是其它商品的品牌。实际上皮带、家具、背包等等，都有皮尔·卡丹的影子。

卡丹公司每年卖出数千件时装设计草图，细节设计则由世界各地的商人根据当地情况去完成，皮尔·卡丹实际上卖出的只是设计理念。

皮尔·卡丹还大卖特卖商标使用权，而且商标使用者什么行业的都有，自行车、香烟、儿童玩具、床上用品、化妆品，五花八门，而不仅仅局限于服饰。皮尔·卡丹每年数亿美元的纯收入，主要是靠这种方式获取的，他自己生产的商品每年的纯收入只是几千万美元。有人统计，全世界以皮尔·卡丹作为商标的商品年利润达数亿美元。

许多管理专家对皮尔·卡丹那套封建地主式的管理方式不以为然，但却对他那种营销授权模式却佩服得五体投地。

事实上，皮尔·卡丹这种“卖空头支票”式的商标授权方式，在20世纪的营销史上掀起了一场革命，许多企业纷纷仿效。皮尔·卡丹既是这场革命的发动者，也是最大的受益者。庞大的“皮尔·卡丹帝国”就是通过这种授权方式迅速得以扩张，而这种扩张又促使“皮尔·卡丹”名气的进一步提高，为他进一步推行授权营销策略起到了推波助澜的作用。

目前，全球120多个国家和地区都有皮尔·卡丹的产品，每天有数十万工人在工厂里生产着他的近千种专利产品。

让男装也流行

皮尔·卡丹生活中不喜欢抛头露面，他乐意把自己隐藏在幕后。然而在工作上他却是一位革新家，他常以自己的创新行为，向高级服装业的保守思想和因循守旧的传统发起猛烈的挑战。

当时，有一种荒诞的观点在法国时装界统治了很长一段时间，那就是真正的服装设计师只能设计女服，否则便会被视为离经叛道。而已在巴黎闯荡多年的皮尔·卡丹自然也清楚这一点。但是，强烈的创新欲望，促使他大胆地涉足男装领域。不久，他设计的系列男装便问世了。

1959年，卡丹举办了一次时装展览，有系列女装，也有系列男装。展出几天当中，一直很冷淡，报纸上的报道也很低调。人们并不关切卡丹的系列男装。应该说，他的展览很失败。

这不仅是顾客的问题，更主要的是时装业本身的问题，舆论界当然也兴致不高。在那个时代，是崇尚女装贬男装的。

卡丹设计、缝制男装的行为是逆潮流的，为当时时装界所排斥，甚至引起服装业的强烈愤慨。因为按照传统看法，真正的时装设计师只能专注于女装，兼顾男装则是对行业的背叛。这种保守、愚昧，导致卡丹让“服装业主联合会”开除了其会员资格。

朋友科克托、让·马雷前来看望卡丹，兼有安慰之意。

让·马雷愤愤然地道：“男人怎么了?难道男人就不配穿自己喜欢的各种新款式衣服吗?卡丹，你的失败只是暂时的，原因是你超越了时代，男装世界早晚会到来。

“你说的对极了，男装的风行只是迟早的事。‘业主联合会’早晚得请我回去，至多三、五年!”卡丹的自信心很足。

锲而不舍、勇于创新是他的信条。他继续设计男女时装，并聘请男女时装模特作展示，男装的销售额逐渐地提高。

他的服装与他的名声与日俱增，许许多多影星、歌星、贵夫人、小姐以及绅士、老板、青年人，纷纷光顾他的时装店，争先恐后地请卡丹为自己设计时装。

顾客盈门，使卡丹有些招架不住，虽然增加了不少人手，但仍远远满足不了越来越大的需求量。他的才华再次受到公众的认可和肯定。

两年后，卡丹重返“服装业主联合会”，并荣任主席之位，直到今天，他仍然是这个“业主联合会”的名誉主席，卡丹的预言应验了。

卡丹说：“**我是一个履行诺言的实践家。我喜欢说到办到，使自己的想法变为事实。**”

让时尚走近寻常百姓

1950年时，法国巴黎的时装界被一片富丽堂皇、珠光宝气的气氛所笼罩，普通大众根本无力承受其高昂的费用，而且法国高级时装是一个限制极严、顾客有限的特殊行业。至今巴黎只有23家服装企业称得上“高级时装公司”。这些时装公司都是为贵妇名流服务的，有的衣服甚至只生产一套。

对于这种情况，皮尔·卡丹认为，高级时装只有面向众多的消费者才有出路。因为只有扩大消费群，才可能使它产生普遍和广泛的影响，才可能承受更为有效的考验。然而，卡丹当时初立门户，要想在巴黎这个世界时装之都开辟新局面，又谈何容易。

有一天，在巴黎大学的门前，一位年轻漂亮的女大学生引起了皮尔·卡丹的注意。这位姑娘虽然只穿了一件平常的连衣裙，但身材苗条，胸部、臀部的线条十分优美。皮尔·卡丹心想：这位姑娘如果穿上我设计的服装，定会更加光彩照人。于是，他聘请二十多位年轻漂亮的女大学生，组成了一支业余时装模特队为他的时装进行表演。

1953年，皮尔·卡丹在巴黎举行了一次别开生面的时装展示会，他设计的成套时装式样新颖，种类繁多，色彩鲜明，充满了浪漫情调，颇合巴黎人的口味；再加上皮尔·卡丹别出心裁编排的配有音乐伴奏的时装表演，使他设计的时装更具诱惑力。

这批时装一上市，立即被抢购一空。有的甚至亲自到皮尔·卡丹的公司来要货。如此巨大的轰动效应使得整个巴黎时装界为之震惊，皮尔·卡丹名字频频出现在所有报纸最显眼的位置上。达官贵人、太太小姐们不嫌他的门面小，纷纷登门拜访，络绎不绝。卡丹由此大受鼓舞，决心抓住机会让时装成为大众的东西，使更多的人能够穿上时装。

战后的法国，经济迅速复苏，大批妇女走出家庭，融入社会生活之中，整

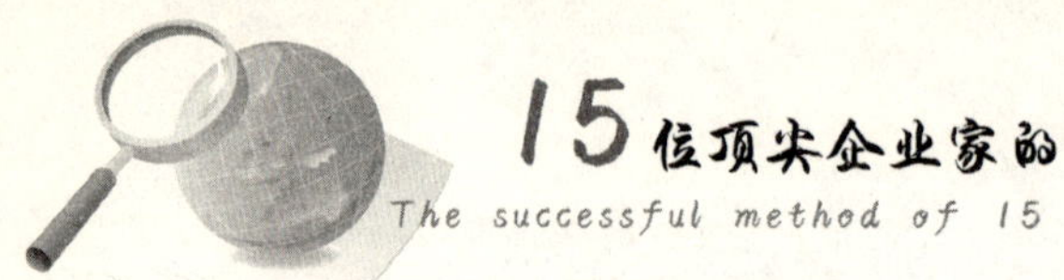

个欧洲的社会消费大增。皮尔·卡丹敏锐地捕捉到这一机缘。毅然提出了“成衣大众化”的口号，把设计重点放在一般消费者身上，让更多的妇女和男士买得起、穿得上。这是一个历史性的突破，不管是从社会意义上看，还是从服装本身的意义上看，它都算得上一个壮举。

皮尔·卡丹曾制作过一套白领的红大衣，卖给了美国梅西百货公司，并被大量制作，以美国中产阶级买得起的价格出售，也大获成功。皮尔·卡丹从梅西成功的这个例子联想到若将他设计的服装大量地成批出售，可能是一种致富成功的方法。不久，皮尔·卡丹便源源不断地推出了一系列风格高雅、质料适度的成衣。这些物美价廉的服装深受广大消费者的欢迎，皮尔·卡丹时装店天天顾客盈门。相反，那些顽固守旧的同行却生意冷清，顾客寥寥无几。

“成衣大众化”在商战中是出奇制胜的妙计，而在服装界则是一种创造性的改革。“成衣大众化”的意义远远超过了它本身的意义，它对整个社会的经济发展、消费结构都产生了深远的影响。

1966年，卡丹的系列童装问世，一经打入童装市场，就有占领的趋势。接着，他又相继推出围巾、手套、皮包、鞋、帽等产品。

卡丹开始向国外市场开拓，不久，便打入欧洲、美洲各国以及日本等，国际市场销路十分看好。皮尔·卡丹的牌子，不仅誉满巴黎、法国，而且响彻了全世界。一个“皮尔·卡丹服装帝国”崛起了！

见缝插针的渗透战术

在市场经济运行过程中，皮尔·卡丹认为，产品一旦打入市场，尤其是打入国外较大市场或国际大市场后，企业应当采取多种策略，先站稳脚跟，再扩大势力范围。运用到市场经营中，就是要求企业有那种见缝插针、勇于超越的精神。在稳住阵脚的同时扩充实力，这就是所谓的“渗透”战术。

皮尔·卡丹运用这一战术，不仅把自己的服装，还有自己企业的其它商品用“渗透”的方法逐渐向外推广，占领更多更大的国际市场。从这一点看，皮尔·卡丹不仅是一位著名的服装大师，也是一位精明的商人。

归纳皮尔·卡丹的这一战术，具体表现在五个方面：

一、研究改进，争取顾客。要求企业在进入国内国际市场后，不可满足现状，应注意产品的性能和质量，重视交货期限，提高销售服务水准，改进不足之处，争取有更多的消费者购买本企业的产品；增加产品的吸引力和改善推销方法，可以把其它企业的顾客拉过来，也可以使代用品和次级品市场上的消费者转移到本企业的产品市场上。

二、以点带面，扩大地盘。要求企业在已有的国内市场产品和出口产品基础上，及时组织系列产品和配套产品的上市和出口，由点及面，形成一组或多组产品群。企业在已打开的市场基础上，带动相关产品的研制、开发、生产和上市，往往会收到事半功倍的效果。这不但需要企业选准首次上市及出口的龙头产品，还必须重点研究相关市场的消费者爱好，才有可能使产品向其它市场渗透。

三、查漏补缺，填补空隙。敏锐的企业往往能利用国内较大区域市场及国际市场消费层次多、需求差异大的特点，抢占到其它企业还没有涉及或未予重视的消费市场。只要有利可图，企业完全有理由向这些被遗忘和疏忽的消费角落出口产品，见缝插针、挖掘潜力。这一策略的优点是不但能避开强劲对手的激烈竞争，而且往往能收到意想不到的效果。在皮尔·卡丹的营销生涯中，这种最成功的例子，是源于他在中国成都的一段经历。当初他来到中国时，曾一度怀疑地处中国内地的成都市是否有能力消费他的高档服装，谁知到了成都才吃惊地发现，成都人的品味特别高，对皮尔·卡丹服饰系列的了解超出了他的想像。

四、避强击弱，另辟蹊径。企业在市场上随时会遇到各种竞争对手，如果对手十分强大，双方力量相差悬殊，企业家应知己知彼，不与强手作正面冲突，尽早放弃原来市场的打算，另觅市场。国际市场范围广、容量大，往往是东方不亮西方亮，企业可以把目标转移到其它国家和地区，或与较弱的竞争对手抢市场，或另选新的消费群作目标市场，对产品重新定位。因此，企业平时应多收集资讯，研究市场，尽早准备好若干后备市场，以此避免强敌。也可采取先避其锋芒，等待时机东山再起的灵活战术。这一点上，皮尔·卡丹也做得相当成功。他并不急于在法国寻求和扩大自己的势力范围，而是从外向内，逐步缩小包围圈，最终在自己的国家占得一席之地。

五、旁敲侧击，寻求突破。要求企业在保持和发展现有市场占有率的同时，有意识地在其它市场上争取客户；对于充满强大竞争对手的市场和贸易壁垒森严的地区，要侧面进攻并绕过各种市场障碍，以此蚕食部分市场。经过精心准备的企业，通过经常不断地试探，层层渗透市场，将使对方措手不及，防不胜防。

经过上面几种渗透战术，皮尔·卡丹扩大了市场范围，大大增加了销售。在这一点上，皮尔·卡丹借助自己创下的金字招牌，开发多种产品，就是对渗透战术的成功实践。

不把鸡蛋放在一个篮子里

皮尔·卡丹在童年时代，就对艺术、文学、绘画、音乐、电影等，产生了浓厚的兴趣。特别是在他从事戏装设计、生产以后，与文艺界各种艺术家都有广泛的接触、交往，也受到了艺术的熏陶。

1970年，卡丹在巴黎开设了“卡丹天地”文化商业中心，建有画廊、电影院、工艺品、古董拍卖行等，成为巴黎一大景观。

卡丹喜欢戏称自己是“热爱世界的冒险家”，有些新闻媒体称他为“美与艺术的恋人”，对于这个雅号，他也很欣赏。

卡丹对生活的方方面面都有着极为广泛而浓厚的兴趣，他的内心世界是十分广阔的。他不仅醉心于服装设计，也热心家具设计，还热心于烹调。

1975年，他开创家具制作业，在圣·奥诺雷大街开办了“线条美家具店”，三年后又增设“水新家具店”。由于他设计经营的家具样式新颖别致，与他的服装一样，也成为畅销品。

1977年，享有盛名的“马克西姆餐厅”濒临破产，店主计划将其出售。

卡丹闻讯后，立即派自己的经纪人与店主接触。但此时，“马克西姆餐厅”已有几家外国财团跃跃欲试，成了卡丹的强大竞争对手。

“马克西姆餐厅”是巴黎最高级的餐馆，历史悠久，创办于1893年，因而转让价要得很高。卡丹出于对烹调的爱好，同时也不想让法国历史上有名的餐馆流于外商之手，不惜巨资买了下来。

“马克西姆”餐厅，是卡丹染指餐饮业的起始。从此卡丹的事业大厦已不局限于服装领域，他成了集家具、剧院、服装、饰品、餐饮于一身的创业家，但主流仍是在服饰业上。

“马克西姆”一到卡丹之手，他便点石成金、转亏为盈，并在法国乃至世界各地开设了许许多多“马克西姆分店”，1983年，卡丹甚至在北京开设了

“巴黎马克西姆餐厅”以推广法国菜。

卡丹还经营剧院、旅馆、香水、游轮等行业，展现出“多元化经营”发展的雄心。他曾直言不讳地说：“我一直渴望出人头地。数十年来，我的名字频繁地出现在新闻媒体上，似乎没有谁可以与我为敌。既然我成功了，就应当保持下去，我要成为胜利者，我要名扬四海，我要流芳百世！”

比如说，他邀请艺术家在他的“卡丹天地”演出，他并不收费。有时自己心血来潮，也上场导演一出戏，只是“为艺术而艺术”。尽管无利可图，只要获得公众的认可，他便满足。这一点，有些企业家不理解，但艺术家、观众却十分理解，并热情地称赞他的这一爱好。他说：“赚钱固然重要，赢得尊敬同样重要。”

数十年的经营，卡丹创立了一套行之有效的生财手段和经营之道。

“马克西姆餐厅”到他手上不久，他经常举办“品酒大会”，广邀名流来参加。卡丹满面笑容地迎接着每位客人，一位漂亮的女侍者穿着时髦、捧着鲜花招待客人，这一场景成了新闻媒体报道的焦点。

1985年4月，他飞到美国纽约曼哈顿主持“卡丹香水”开幕式典礼。为了打响品牌，他邀请许多美国名流前来助兴，其中包括美国影视明星美丽的布鲁克·雪德丝小姐。

典礼仪式在豪华的梅希商场大饭店举行。一位年轻漂亮的小姐捧着一托盘，上面放着包装精美的卡丹化妆品——当然包括“卡丹香水”，来到卡丹的身旁。

卡丹从托盘上取过礼品，双手送到布鲁克·雪德丝小姐面前：“尊贵的雪德丝小姐，请您赏光！”

“谢谢卡丹先生！能从举世闻名的服装大师手中接过礼品，真是荣幸之至！”雪德丝妩媚地笑着，从卡丹手中接过礼品，并同他握手。摄影师迅速地拍摄下了这难得的瞬间。

卡丹向雪德丝鞠了一躬，彬彬有礼地邀请她共舞。卡丹轻轻地挽住她的手臂，二人翩翩起舞。摄影师不失时机地拍下了一连串镜头。

次日，美国各大报纸纷纷刊登了卡丹与红星雪德丝握手、跳舞的照片，许多家电视台也播映了新闻画面。

这是高明的广告。美人雪德丝认可的“卡丹香水”自然值得一试，“卡丹香水”如旋风般的在全美流行起来。

从一个小学徒，走向时装设计师；再从单一的服装行业，走向多元化经营体系。这个过程，对于卡丹而言，仅仅是更大事业的起点和铺垫，卡丹必将铸就更伟大的辉煌，让我们拭目以待。

第四章

演绎营销魔术的汽车营销大师
——李·艾柯卡

艾柯卡是世界上最受人尊敬的企业家之一。在克莱斯勒，所有的蓝领工人对艾柯卡的尊敬已达到崇拜的程度，数以万计的美国人写信给他，请他去竞选总统。

1924年，李·艾柯卡出生于美国宾夕法尼亚州一个富有的美籍意大利裔家庭。艾柯卡的父亲经营一家汽车出租公司，家境不错，所以艾柯卡小时候也算是一个富家子弟，受父亲影响，对汽车非常爱好。

从普林斯顿大学研究院毕业后，艾柯卡顺利进入福特汽车公司。

1960年，仅36岁的艾柯卡便坐上了福特公司分厂的总经理位置。艾柯卡在这个位置上做出了非常出色的成绩，研发出了名扬世界的野马型汽车，一年之内便卖出了40多万辆，获利2亿多美元，艾柯卡的实力不得不让世人佩服。

1965年，艾柯卡升任福特公司副总裁，1970年12月10日45岁的他便坐上了总裁宝座。在他任总裁的八年时间里，他每年为福特公司净赚了5亿美元的利润，在该公司的历史上留下了最辉煌的业绩。

然而，由于树大招风，再加上亨利·福特二世这位老板的独裁作风，使艾柯卡不得不离开了福特公司。

1978年11月，艾柯卡加入了美国另一家著名的汽车公司克莱斯勒。当时克莱斯勒公司亏损严重，极其需要艾柯卡帮助其脱离困境。

艾柯卡入主克莱斯勒后，实行大刀阔斧的改革，终于使克莱斯勒公司绝处逢生，创造了奇迹。

艾柯卡挽救了克莱斯勒公司，他也因此名声大振，成为美国人心目中的企业管理天才。1984年4月，艾柯卡的照片在美国《时代》周刊的封面上刊登，通栏大标题是："他说一句话，全美国都洗耳恭听。"事实上，艾柯卡已成为世界上最受尊敬的营销大师之一。

四个5000万+不赔钱原则

熟悉企业经营的人都知道，如果要使自己的企业获得更高的效率，每天都必须考虑如何去降低成本。在当今的微利时代，可以说谁更能“省”，谁才能赚钱。

艾柯卡是个身高1.80米、体重近90公斤的大个儿，他勇往直前，粗犷豪放，精力充沛，风趣幽默不拘小节，是一位雷厉风行的实干家。艾柯卡出任福特公司的总经理后，第一个举措就是亮出了他的“4个5000万”和“不赔钱”手段。

艾柯卡要求在设计、生产、销售等四个方面各压缩费用5000万美元。4×5000万就是2亿美元。艾柯卡希望在产值不变的情况下，通过降低企业运作费用，来实现2亿美元的净利润。

以转产管理一事为例，福特公司以前转产周期至少两个星期。在转产期间，因为人工和设备的闲置，浪费了很多资金。艾柯卡通过周密的设计和电脑管理，使转产周期由两个星期缩减到一个星期。经过不懈努力，2年后的福特汽车仅仅用2天的时间，就可以完成转产的准备工作。这种速度在汽车史上是没有先例的。仅此一项，就为公司每年节约了几百万美元的成本支出。

经过3年的努力，艾柯卡实现了他的“4个5000万”的经营构想。

福特公司是一个大企业，一个大系统，分工合作既庞大又精细。在众多的部门与经营项目中，竞争能力和盈利能力总有强弱之分。这在整体上就影响了企业的实力和竞争力，好比一只木桶，哪怕只有一个洞，也装不住水。这就需要打造具有竞争力的钢铁企业。艾柯卡对“赔钱部门”的衡量标准是：部门能不能给公司赚钱，赚多少钱？如果该部门生产的产品比从外面买还贵，那公司还不如去买别人的产品。因此，不赔钱，是公司的底线。这个要求，谁也不能例外。

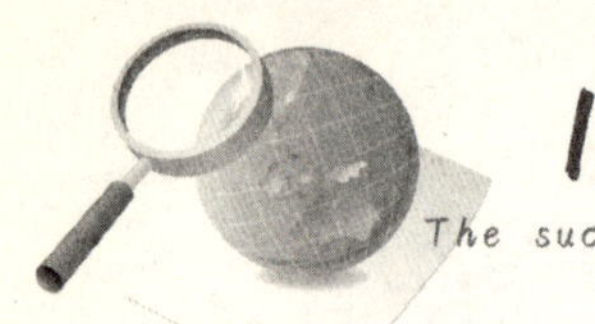

艾柯卡给那些不赚钱部门的经理们3年的时间，要是还不能盈利，那就只好把它们卖掉。在执行艾柯卡的“不赔钱原则”中，艾柯卡砍掉了近20个亏损部门。这样一来，公司去掉了很多负担，可以集中人力、物力、资金和设备来发展核心的生产和销售力量，企业从而变得更富有竞争力。

在经济全球化的时代，身为企业领导人要善用经济谋略，使用公关手段，利用政府出面担保，获取贷款，降低运营成本，这不但是白手起家的妙策，更是企业遇到困难时的救命稻草。

艾柯卡来到克莱斯勒后，公司所有的问题，归根究底是因为资金短缺。为了争取外援，艾柯卡四处奔波，向政府请求给予紧急经济援助。他宣称，如果政府听任克莱斯勒垮掉，那些遍及密西根、俄亥俄、印第安纳以及另外五个州的工人及配件商都将失业。经过多方争取，美国国会终于通过了关于给克莱斯勒公司15亿美元政府贷款保证的提案。这在美国历史上还是破天荒的一次政府大借款。

随着贷款保证的通过，克莱斯勒公司有了争取生存的战斗机会。同时，艾柯卡在企业内部大力整顿，在降低企业成本上大做文章。通过裁人减薪、节约工资支出6亿美元；改善库存管理、压缩库存费用，每年又节约9亿美元，通过这些改革，公司总算克服了财政危机，为日后的重新崛起奠定了基础。

人是第一位的

以人为本的管理模式是适应现代企业制度的产物，人是社会生产力的开发者和推进者，只有充分发挥人的主观能动性，尽其所能，才能使企业更上一层楼。

艾柯卡说：“全部企业活动可以归结为三个词：人、产品、利润，而人是第一位的，没有人，其他的就谈不上。”

1978年，艾柯卡来到困难重重的克莱斯勒公司。

艾柯卡作为克莱斯勒的领导人，为了挽救克莱斯勒的亏损，必须使公司上下一心，有难同当，才能渡过难关。艾柯卡说过：“管理，实际上就是调动人的积极性。”为了促进工人与领导者团结一致，1980年，艾柯卡走遍了克莱斯勒公司的每个工厂车间，与工人进行直接接触。在一系列的工人大会上，他感谢工人们在这些艰苦的日子里和公司一起坚持，并告诉他们，等情况好转时，公司一定设法使他们重新得到跟福特公司和通用公司同等的待遇。艾柯卡通过深入群众，贴近了工人，得到了工人们的拥护。就这样，公司上下齐心协力，准备共渡难关。

为了增加资金，节省开支，艾柯卡把自己的薪金减到每年一块钱。也就是说艾柯卡等于只工作而不领工资。老板做出了榜样，大家都关注着。尽管他降低薪水并不意味着少吃一顿饭，但这仍然成了底特律的一件重大新闻。它表明公司上下应该同舟共济，只有大家每个人都勒紧裤带，公司才能生存。这是一个惹人注目的事情，公司总裁同员工一起卧薪尝胆的消息很快就传开了。

艾柯卡说：“我在克莱斯勒三年，对人的了解，比在福特公司的32年还多，我发现只要大家共渡难关，大家就愿意同甘共苦。人们如果能患难与共，就能排山倒海。但是，如果有人吊儿郎当或者不尽职责，就永远也克服不了困难，走不出困境。”

由于全体员工的齐心努力，1983 年克莱斯勒公司提前 7 年还清了政府的担保贷款，节省贷款利息近 4 亿美元。不仅如此，克莱斯勒公司还净赚 9 亿多美元。1984 年公司的盈利达到创纪录的 24 亿美元。公司的股票在华尔街交易所里的涨势也一路领先。1982 年每股价格由 3.5 美元窜升到 18.6 美元，涨了 5 倍多。1983 年公司发行近 3 亿股普通股票，仅数小时即被抢购一空。

一位失业5年又重新回到克莱斯勒汽车公司的工人——雷恩斯对艾柯卡感激不尽：“我能有今天，全靠艾柯卡先生。克莱斯勒公司眼看就要破产，他来当总经理后，我才能重新回到工作岗位。”

创新营销：1956年56元

市场导向是营销和企业成功的关键。一家以市场为导向的公司，其所有活动都是在“创造顾客价值”这一目标的驱动下的展开。为了实现这一点，最常用的方法就是进行市场调查。

1956年，艾柯卡凭着自己的出色才能当上了福特公司主管费城地区的销售经理。当时的费城地区生活水准并不高，买一辆汽车的价钱，并不是普通百姓能够应付的。所以，艾柯卡刚开始在费城地区的销售业绩并不很好。

不过，艾柯卡毕竟受过一代大师比彻姆的教诲。比彻姆身为著名的一代营销大师，他那不安于现状、注重业绩的风格深深影响了艾柯卡。艾柯卡深思熟虑，决定交出像样的销售成绩。

经过一番市场调查，艾柯卡发现美国想买车的人很多，但要他们一次性地拿出一大笔车款却是非常吃力的，也正是由于这个缘故，所以他们才不能购买汽车这种生活必需品。因此，他最后做了一项名为“1956年56元”的营销计划，艾柯卡称之为“五六对五六”。

这个计划其实很简单，只不过是根据当时美国百姓的购买力而采取的分期付款而已。这样就为潜在顾客提供了需要的产品和服务，这种根据市场需要，及时满足顾客的分期付款方式，倍受当时的营销界青睐。

艾柯卡对购买1956年车型的福特牌汽车的顾客只收取20%的定金，余款分3年付清，每月支付56美元。这样一来，每月仅仅缴付数十美元，便能买到一辆汽车，大多数人都能负担得起。结果，这个营销计划获得了空前成功，有意购买汽车的顾客，纷纷购买福特汽车。短短的3个月内费城地区的销售额直线上升，由全国的销售落后地区一举跃为美国的销售冠军。这一出色的举动使福特汽车公司的最高领导层注意到了艾柯卡，并把这一计划推广到了全美国的市场营销策略中，因而使福特公司业绩猛增。据估计，靠这项计划福特汽车公司多销售了75000辆汽车。

艾柯卡也因此受到了特别的赏识，被升任为华盛顿哥伦比亚特区的地区总经理。

艾柯卡入主克莱斯勒后，他扩大了克莱斯勒公司的市场业务，加强了市场调查和预测，果断地调整产品的发展方向。1982年艾柯卡组建了60人的市场调查小组，针对汽车市场动态、消费趋向、顾客偏好、燃料价格波动和家庭规模变化等与汽车销售有关的大量问题，进行了广泛深入的调查分析。从调查中得知，80年代国际石油价格开始下降，美国国内石油供应日趋缓和。艾柯卡根据这些调查得来的第一手资讯，断定市场上可容纳全家人出外旅行的大型旅行汽车将走俏。因此，他果断地把公司保留多年的“纽约人”牌大中型车加大产量。此外，又在其它公司的前面，抢在市场前面，迅速推出几种新产品，成功地打响了重振雄风的第一炮。

野马奔腾，创利两亿

艾柯卡说过：“**做别人不做的，对弱势企业来说，捕捉被别人忽视的漏网之鱼，满足市场中的次要需要，为人之不为，往往能独得其利。**”他是这么说的，也是这么做的。

1960年，艾柯卡以每周聚餐一次的形式，在福特分部组织一批富有创造力的年轻人，进行新型汽车的研发。

市场调查人员通过调查分析，发现20世纪60年代，青年人将增加50%以上。在以后十年，汽车销售量将大增，青年人起码要占其销售数量的一半。能吸引年轻顾客的汽车必须具备三大特点：款式新、性能好、价格便宜。艾柯卡经过集思广益的可行性研究，立刻拍板定案，决定推出具有上述三大特点的新型汽车，时间就定在1964年4月纽约召开的世界博览会。

说来容易，做起来难。尽管他们在新车制造方面作好了各种准备，但理想的新车模型却迟迟没有选定。艾柯卡没有那么多时间再等了，因为要在世界博览会上一显身手，至关重要的是必须在1962年9月1日前拿出一个泥塑模型。在这种危急时刻，艾柯卡怎么办呢？

时间相当紧迫，6月17日，艾柯卡决定在他的设计师之间举行一次竞赛，两个月之内必须为将要制造的小型跑车设计出一个模型。

8月16日，设计室主任索戴夫的设计中选了！整个车型既俊俏又威武有力，犹如一匹奔腾的野马。虽然它只不过是停放在展台上的泥塑模型，但看起来非常有动感。艾柯卡大感兴趣，决定把此车定名为“野马”。于是，全厂上下夜以继日地投入生产，大战“野马”。终于，“野马”带着它那先天的野性“奔跑”出生产线。

野马跑车生产出来了，但在辽阔的市场上能否呈现出万“马”奔腾的状况呢？艾柯卡不得不深思熟虑，进行周密策划。在“野马”上市之前，他们从

不同层次、不同年龄的顾客中请来54对夫妇，让他们参观评估野马原型。他发现白领阶级的夫妇很中意野马车型，而蓝领工人则把“野马”当作身份与地位的象征。他又请各对夫妇对“野马”进行估价，当宣布“野马”的实际标价时，参观者简直不相信自己的耳朵！因为每人都至少多估了1000美元。他们都想拥有一部野马车。这对艾柯卡来讲，无疑是个好的开始，他当即拍板：野马车价不得高于2500美元。

接下来艾柯卡组织人员不遗余力地宣传野马。各报的编辑被他们请到迪尔本，给他们一辆野马试开上几星期。在这种车正式登场的四天里，有一百名新闻界的人士参加了一次从纽约到迪尔本的七十辆野马车的盛大游行。这些车，轻松跑完700英里全程，没出任何故障，这又为它赢得了很好的声誉。

媒体以大量的先赞美词和照片来表示对野马的热情，而这些文章和照片以压倒性优势出现在几百家杂志和报纸上，宣传任务圆满完成。

艾柯卡心中对第一年有个目标。猎鹰型汽车在第一年创造售出41万7174辆的纪录，艾柯卡决定超过这个纪录。1965年4月16日晚，第41万8812辆野马由一位加利福尼亚的年轻人买走了。艾柯卡终于实现了“到4月17日，卖41.7万”的口号，4月17日是野马的生日。他们以新的纪录结束了第一年！

时髦而便宜的野马汽车，一年内便为福特公司创造纯利2亿多美元。野马的成功，使艾柯卡倍受瞩目，在野马生日之前就得到了提升。1965年1月，艾柯卡当仁不让地成为汽车联合部的副总裁，负责福特和林肯——墨丘利两个分部所有汽车、卡车的计划、生产与经营。1968年，他成为福特公司总裁的有力人选。1970年12月10日，艾柯卡如愿以偿当上了福特公司总裁。

巧用爱国心走出困境

1985年之前，国外汽车，尤其是低价格、低油耗的日本汽车带来的冲击，使得美国克莱斯勒汽车公司每年亏损上千万美元，大幅度丧失了市场占有率，公司经营每况愈下。

日本的产品之所以能够进入美国市场，是因为日本商人看准了美国竞争者比较薄弱的真空区域。在许许多多被列为打入目标的产业中，日本公司总是善于从中寻找其它公司忽略或服务不佳的市场区域，并且要在这些市场区域上投入他们大部分的精力，以求建立稳固的地位。当在这些市场区域初步获得成功后，他们将朝着更大一些的市场进军。这就是日本人在国际市场上参与竞争常用的营销策略，依靠这种打入薄弱环节、步步为营的营销策略，日本公司得以在美国市场上大量销售产品。

比如，当时美国制造商对小型汽车与机车、便于携带的收音机和电视机以及复印机市场都不屑一顾。而日本人就抓住美国人忽略的区域市场——小型机车为目标，大量生产小型机车并打入美国市场，与哈雷、BSA、胜利等强大的竞争者抗衡。日本人将一种新颖的小型普通纸复印机打入美国复印机市场，以吸引不想购买大型复印机的小型企业用户。日本商人就是采用这种营销策略，成功地打入美国市场。

面对这种情况，克莱斯勒的领导人艾柯卡带领员工，对市场作了广泛调查与分析。最终，他们了解到外国经济实力日渐强盛的趋势，在美国民众心中产生了一种潜在的恐惧与危机感，随之而来的是情绪上的改变，并转而发展为对本国产品的喜爱。

艾柯卡决定充分利用美国民众持续高涨的“爱国情绪”，自1985年开始，推出了“美国公民，感谢您”的系列宣传。根据该计划，任何一位自1979年以来买过克莱斯勒公司在美国本土制造的汽车的消费者，只要再买该公司的新车，就可获得500美元的折扣。结果，出于爱国心，美国人受这种“爱国车”所陶醉，购车者一时如潮。

1986年，克莱斯勒又进而推出了“美国公民，再次感谢您”的系列宣传。为强化“爱国意识”，它寄出六百万份抵用券给美国的潜在用户，每张券可折价五百美元，实质性地表明“爱国”的好处。经过这两次的“爱国宣传”攻势，克莱斯勒迅速夺回了过去丧失的市场，回升到全美第三汽车制造公司的地位。仅1985年当年，公司已经走出负债的泥沼，而且盈余25600万美元。

通过这件事我们可以看出，虽然克莱斯勒的再度崛起离不开质量的提高和新颖的设计，但另外一个重要因素就是利用国民心理的做法。随着经济全球化趋势的加快，国际竞争的加剧，人民的民族情感也往往显得更加重要，不失为一种可以借鉴和利用的营销策略。

挽救克莱斯勒的秘诀

创新是企业不断适应市场，寻求立身之地，决胜于市场竞争的法宝。现代企业家要以技术和创新来提高产品的竞争力，增强企业的生命力才能不断地走向成功。

艾柯卡早在福特公司做副总裁时，便负责过“林肯”牌高级轿车的生产销售工作。当时“林肯”牌轿车造型已过时，整个销售部门也因此缺乏生气，形势非常不妙。艾柯卡认为要扭转乾坤，必须在产品上下功夫，于是他领导下属为“林肯”品牌高级轿车研制出了新的合乎时代潮流的新型号，即豪华型轿车侯爵和豪华型跑车美洲豹。新款汽车非常适市场需求，销售非常成功。

1978年，艾柯卡入主克莱斯勒后，根据市场要求的分析，首先恢复了克莱斯勒生产的道奇卡车的大公羊品牌标志，还根据顾客要求卡车结实、可靠、耐用的特点，在广告上宣传“道奇卡车和公羊一样壮实”。这样一来，克莱斯勒的卡车形象和美国民众心中的福特和雪佛兰一样的有名气了，不少想买卡车的人，开始选择道奇卡车。

艾柯卡还首次推出了“退款保证”的销售方法，他宣传说，“请把我们的汽车开回家。如果在30天内，你不喜欢这辆车，可以开回车来退还车款。”这种销售方法引起了巨大的轰动，道奇卡车销量大增。

20世纪80年代初期，美国人民对小型车情有独钟，发现这一趋势和需求后，艾柯卡决定生产小型车。经过努力，他们研制成了一种成功的小型车，命名为K型车。艾柯卡抓住机会大肆宣传K型车的种种优点，并在广告中宣称“K型车出世了”以吸引大众的注意。后来，他又决定与一家大型经销商K市场说好进行一场特殊的营销活动，称之为“K型车，来到了K市场”，这使得K型车更加出名。在1981年中，K型车占据了小型车市场20%的占有率，此后销路也一直不错。这一仗是艾柯卡在其它公司不加注意的方面下，迅速推出的新产品，因而在市场上抢得了一席之地。

1983年，艾柯卡又领导克莱斯勒推出了符合市场需求的中型厢型车。中型厢型车比传统的旅行车稍大，又比一般的房车稍小，这是艾柯卡推出的一种新车型，可以装得下七个人，比较适合家庭使用。这款新车被《Fortune》杂志评为年度十大最新产品，获得了消费者的热烈欢迎。这一年，克莱斯勒公司的汽车产量比去年同期增长了53.6%，销售额高达49亿美元，盈利7.05亿美元。

1983年8月15日，艾柯卡把他生平仅见的面额高达8亿1348万多美元的支票，交到银行代表手里。至此，克莱斯勒还清了所有债务。颇具讽刺意义的是，5年前的同一天，亨利·福特解雇了他。

1984年，艾柯卡用他惯有的表情和手势，宣布克莱斯勒公司这一年盈利24亿美元——打破了公司历年纪录的总和。

至此，凭借着不断创新，艾柯卡重新挽救了克莱斯勒公司，他被美国百姓视为国家的英雄，甚至有人劝他去竞选总统，以挽救美国。

艾柯卡将自己的经历和见解写入了《拯救沉船》一书，80年代该书得到世界商界的推崇。艾柯卡的自传《一元总裁·艾柯卡》在全世界发行，并且一版再版，仍满足不了读者的需求。

第五章

从赤贫小子到金融寡头

——阿马迪·基安尼尼

在美国经济界，有很多富于传奇色彩的人物。他们拥有努力、智慧、机遇、胆识等诸多达到优秀的必要素质，但很少有人像基安尼尼那样，从赤贫的状态下，通过自身的奋斗而走向成功，不但改变了他人生的命运，同时也成了美国几代人创业的楷模。

美籍意大利后裔阿马迪·基安尼尼是一个领先时代的商业经营奇才，他所创办的美国银行，起始于1904年，经过基安尼尼的潜心经营和管理，如今已被公认为当今美国最大的商业银行。

回首基安尼尼所经历的79年人生旅途，实是一部充满艰难辛酸的白手起家的创业史。阅读和了解基安尼尼的经历，有助于我们充分体会出他从普通到优秀的成功方法和经验。

童年的积累和历练

基安尼尼的少年时代是从贫寒中度过的。对于一个有志向的孩子而言，这种贫寒，在今后的生活道路上可以演化成为一种无形的财富，同样是贫寒，还可以激发起一个少年改变现状的激情和斗志。

父母路易斯·基安尼尼和维吉妮娅的不懈奋斗精神，对子女们日后的成长、成名有着很大的影响。三个孩子的童年，都是在父母勤劳奋斗的影响下度过的。父母的勤劳和奋斗的精神是几个孩子永远的精神楷模。也正是这种精神的影响，使这些孩子幼小的心灵上，刻下了只有奋斗才能改变现状的人生理念。

基安尼尼七岁以前的生活，一直是清寒但愉快的。清寒磨练出勤劳的品质，而欢愉则来自劳动后的收获。阿马迪每天清晨五点就得起床，除了礼拜，每天早上他都要和父亲一起将杏子用货运马车拉到运河岸边，就这样开始了一天的工作。

当时，在旧金山的码头有一个拍卖市场，很多当地产的蔬菜和水果都要从这个运河岸边输出。第一班船在早上七点半开出，如果迟了就很难交货，所以父子俩人每天天没亮就得起床，赶完早市，阿马迪便到圣母院小学读书。这是一所很小的学校，它总共只有一间教室。

基安尼尼在学校的成绩中等，他对富尔顿发明汽船、富兰克林发明印刷机这样的课程，一点也不感兴趣，倒是数学成绩很优秀，一直是全班第一。放学以后到黄昏前，基安尼尼都在田里帮忙犁田、引水灌溉，样样都干，是父母不可缺少的好帮手。辛勤的工作、规律性的生活、和父母勤劳奋斗精神的影响，为基安尼尼日后成功，扬名世界奠定了坚实的基础。

童年的不幸，使处于少年的基安尼尼更懂得了改变命运的重要性，坚韧的性格和勤奋的品质使得他明白了只有付出才能有收获的人生道理。这种感悟和人生理念，始终印在基安尼尼的脑海中。

以乐观的心态去学习

1882年左右，继父斯卡蒂那带领全家移居旧金山，在旧金山买了一栋两层楼房，开始从事果菜批发生意。对于12岁的少年阿马迪·基安尼尼来说，这成为他一生中最重要的转折点。

批发中间商的生活没有规律，而且十分辛苦，他们必须在凌晨开始工作，每当夜深人静之时，人们还在甜蜜梦乡的时候，斯卡蒂那父子两人喝过浓浓的咖啡，就赶着货运马车来到瓦夫码头，在黎明前的黑暗中等候船只的到来。

黎明前，首先到达的是沿圣瓦金河和萨克拉门多河顺流而下的船只。早上8点钟左右，从阿尔比索开来的船只靠岸了。在瓦夫码头，拍卖市场的交易在船只一靠岸就开始进行了，喧嚣的人群随着每一艘船的靠岸而来回涌动。在充斥着买主与卖主讨价还价的嘈杂声的拍卖市场中，基安尼尼一有不懂的地方就向继父请教。继父很有耐心，总是不厌其烦地把拍卖用语、辨别果菜品质及讨价还价的方法教给基安尼尼。

拍卖结束后，他们便顺道在瓦夫的小摊上吃完早点才回家。瓦夫码头的早点对基安尼尼而言是别有意义的，因为早餐经常有生蟹和生鱼，总是吃得不亦乐乎。基安尼尼回到店里后，还要清洗完马匹和货架后再到学校去上课。

基安尼尼小学一毕业，就被母亲送进了一所六个月的短期实务学校。这时，在母亲维吉妮娅的鼓动下，继父斯卡蒂那卖掉了旧屋，买下了旧金山格林街411号的房子。新家坐落在被称作“北海岸”的旧金山湾入口处附近，位于旧金山市街最北端。这一带的意大利移民一天比一天多起来，此地也是旧金山被称作“约尔巴·布耶那”时的港都发源地。新家形状像海湾一样，窗子向外突出，很是壮观，在少年时代基安尼尼的心目中，这是最引以为荣的。

继父开了一家店，店名叫“斯卡蒂那商行”，做的是中盘生意，这是父子俩最擅长的行业。基安尼尼只上了五个月便提前从实务学校毕业，到店里工作，并成为一个好帮手，开始了父子联手创业的时代。虽然这时他才15岁，但已有一副成年人的体格了，他身高六英尺（约185公分），体重177磅（约77公斤）。

阿马迪·基安尼尼长得极像生父路易斯·基安尼尼，高挺的鼻子，稍长的四方脸，轮廓分明；瞳孔很深，两眼之间几乎没有距离，细长的眼睛总是从深处泛出冷冷的光芒。此外，15岁的阿马迪性格快活爽朗，从不叫苦，这大概又是来自乐天派的父亲吧。

在这段实践过程中，他从中获得了很多前所未知的实践经验。也认识到了中间商的重要性和操作理论，可谓收获颇丰。

构建没有大股东的银行

在19世纪末的美国银行系统中，美资银行主要包括意大利裔移民夫坎西创建的哥伦布银行和沙巴波洛的意大利美国银行，以及靠经营铁路发迹的由查尔斯·库罗卡创建的库罗卡银行和作为夫坎西的坚强后盾的内华达银行。

而外资银行，则主要有三家英法银行，包括金融势力十分强大可支配伦敦、巴黎、维也纳和汉堡金融界的犹太人金融资本体系中的罗斯查尔银行；由法国人经营的伦敦及巴黎美国银行；由英国人经营的盎格鲁美国银行。旧金山的贸易界，当时被这三家外资银行控制着，但这些银行的兴趣根本不在储蓄和贷款上，而在投机事业上。

在法国人开办的银行中，银行经理根本不屑于用英语交谈，而英国人开办的银行则压根儿看不上意大利移民众多的北海岸等地。

整个旧金山的金融界，这个时候呈现出一派战云密布、欲一试高低的景象，但在高手如林、竞争激烈的旧金山开办一家新的银行，绝非是一件轻而易举的事情。

基安尼尼遇到的第一个大问题是创业资本来源不足。当初他转手出让自己的中盘商经营权时，得到了将近10万美元权利金，但距离创建一个银行所需要的资本，还相差甚远。

基安尼尼只好去找一位曾就业于美国国家银行的朋友，他是一位爽朗的爱尔兰人，名叫詹姆士·法根。基安尼尼在经营中盘商生意时，曾在他所服务的银行里开过户头，二人的关系很好。因此，基安尼尼总是模仿意大利式称呼亲昵地叫他“贾克摩”而不称“詹姆士”。

见面时，基安尼尼便迫不及待地说：“我决定开一家为穷人服务的银行，能不能教我开银行的方法?”贾克摩一如既往，二话没说，先是哈哈大笑起来，但笑声立即打住，因为他被基安尼尼的眼神所震慑，他一副杀气腾腾的样子，瞪着双眼，像要吞噬对方似的。

那次谈话的结果，连熟知基安尼尼的贾克摩也感到是那样的不可思议，他咕哝着："没有大股东的银行，这哪是正常人的想法。"但事实上，这绝非是不可思议的事。阿马迪·基安尼尼和别人打出的牌不一样，他通过让鱼贩，油漆工等1000多个股东的加入，解决了资金不足的问题，并确立了为大众服务的银行宗旨。

一位常以报道内幕消息而闻名的优秀作家约翰·根室就这样评论过他："基安尼尼并没有个人资产，这是与摩根不同之处。基安尼尼终其一生，从未去过俱乐部，也没有加盟过银行工会，这并不是因为美国社会孤立他，而是他脱离了美国的体制。"

从他独到的意识中我们不难发现，如果总是按常规去操作银行业，往往会导致失败。而逆常规操作，才是他能在竞争激烈的金融业中得以立足的法门。

与传统规则相悖的经营艺术

为了使银行能正常运作，基安尼尼通过很多方法来招才纳贤，甚至采用自掏腰包高薪挖人的手段，争取到了像佩德里尼这样一位难得的金融人才。这位金融高手，在意大利银行向美国商业银行过渡过程中战功累累，业绩非凡。

1904年10月17日，由阿马迪·基安尼尼创办的资金30万元的意大利银行在美国旧金山华盛顿街十字路口的一栋三层楼房里正式开张了。

早在意大利银行成立之前，阿马迪·基安尼尼与传统规则相悖的商业经营艺术已经日趋成熟。

1889年前后，作为中盘商的基安尼尼争分夺秒地驰骋于萨克拉门盆地到圣瓦金盆地间的农业地带。他的人缘颇佳，而且对农家的家庭状况了如指掌，常把农家子弟和农民家族里的事挂在嘴边。他还是个很有耐心的听众，关于这一点，一般的中盘商是很难做到的。

站在对方的立场，为对方设想，是基安尼尼做生意的要诀。即使面临着现货行情下跌的状况，他仍会按原来所订的契约价格如数收购，以取信于农民，如果碰上行情上涨，农家们拒绝按契约交货，他就会带着律师委婉地与家民家谈判，说服他们如期交货。

用对方的语言谈生意是基安尼尼的另一个特长，比如与叙利亚人打交道说阿拉伯语，与墨西哥人打交道说西班牙语，而与中国人打交道则用汉语。

此外，一般的中盘商都是带着酒，请农民们一块吃饭，妄想用好酒好菜来达成交易，结果却是自己喝得酩酊大醉，交易自然也没达成。基安尼尼从不这么做，他每到一户农家，就迅速果断地与对方签订契约，因为农民们都日出而作，晚上如果在农民家里耽搁太久，很可能会影响他们第二天的工作精力。

1889年，年仅19岁的基安尼尼别出心裁地想出了一项新兴事业，无息贷款给农民。一天夜里，父子俩在家里交谈，基安尼尼就把他要无息贷款给农民的想当告诉了继父。

斯卡蒂那略有些责备地说道："贷款?你说要从事放贷行业?"母亲维吉妮娅更是严肃斥责道："难道你忘了，你父亲就是为一美元的贷款自杀身亡的!"

"不，我并不是要放高利贷。我骑马来往于乡间，深深感到萨克拉门和圣瓦金农民的穷困，尤其是来自意大利的移民更是贫苦。为了要买来年耕作用的种子和农具，他们不得不把自己的农田充当抵押品，以高利借钱。而那些位于旧金山的银行，却不愿意贷款给这些移民，因而使得高利贷在乡间横行不已。我的构想是，只要对方签约承诺将下一季的收获全部卖给我们，那么我们就可以用先付款的方式将钱借给农民。"

"那么，利息呢?"继父斯卡蒂那有点惊愕地问。

"我不收利息。不过，只要能取得下一季度收获的买卖契约，其利益难道会比利息少吗?我们可以将萨克拉门和圣瓦金盆地的农产品卖到纽约去啊!"

就是这些与现实相悖的经营思想，使他的经营手法总有其独特之处，正是这些独特之处，才使得他得以在强手如林的商业竞争中以绝对的优势胜出。

农民银行——敢为天下先

想达到成功的目的都是一样的，但途径却各不相同。谁创造了独树一帜的创业方法，谁就拥有了胜出的先决主动权，而那些永远跟在规则和模式化理念后面走的人，胜出的可能也就微乎其微。

基安尼尼最初提出的“农民银行”的“不正常”构想，使很多人不得要领，其中包括他的继父和母亲。但后来的现实证明了这一构想的实践，为基安尼尼的成功奠定了坚实基础。

在基安尼尼担任哥伦布银行董事的时候，在收成不好、农民们连声叫苦时，往往贷给农民们一些钱，以缓解他们的燃眉之急。可惜，哥伦布银行的创建者夫坎西，并不乐于采纳基安尼尼这种向小户贷款的经营观念，最后导致了两个人经营理念上的严重分歧。

1908年，基安尼尼创办的意大利银行在旧金山蒙哥马利街与克雷路的转角上，新盖了一栋高达九层楼的办公大厦，开始了他新的经营格局。从青铜制的大门进来，踏在绒毯和大理石地板上，沿着楼梯便可以到达地下金库。一间职员用的小房间都没有，是这栋建筑物的特征。除了一楼柜台窗口有形式上的隔间，其余空间构成开阔的大厅，这种格局设计一直保持到现在，几乎所有美国银行的内部格局结构都一直沿袭着基安尼尼当年的设想。

分行经理拥有副总裁的头衔，他的办公桌一定位于一楼大厅中央，这样，无论从哪一个角度，顾客都可以看到他。不是让分行经理监视客人，而是由客人来监督分行经理，这也是基安尼尼的创新之举。当时，基安尼尼自己的桌子就摆在一楼正中央。

在提供优良服务，扩大存款数额方面，基安尼尼更有他的独创之处。例如：早上开业的时候，基安尼尼就站在门口，对走进意大利银行的太太小姐们亲切的打招呼：“早安！第玛奇欧夫人，请往这边走。”那位妇女被基安尼尼牵着手走到窗口前，她们只是储蓄三元或五元，而基安尼尼总是不厌其烦地亲自为她们填写姓名和住址。

如果听到客人在街谈巷议，基安尼尼也会从办公桌旁站起来，参加与客人的谈话。话题并不是有关钱财的，纯属闲聊，但基安尼尼总能从中听到不少消息。

当他听说谁家生小孩了，他便会留心这家的先生是不是会来意大利银行。假如这位先生真的来银行了，他就会迎上去，说几句祝福的话，并从口袋里掏出五美元："恭喜你！来，这点钱当作贺礼。请开始为新生儿储蓄，存下1块钱吧！"

于是，客人就会把一块钱送进柜台，领到一张存折，然后捏着剩下的四块钱，高高兴兴地回家去。但在第二天，会有99%的顾客又拿着这四块钱存入意大利银行。热情和忠诚是最好的广告，意大利银行的顾客纷至沓来。

有一次，基安尼尼看到一个农家少年正往装蕃茄的大木箱里扔镍币。于是他问道："年轻人，你在做什么？"少年高兴地回答："叔叔，我在存钱，学校有存钱比赛啊！"基安尼尼不由大喊出声"学校存款"。于是，基安尼尼从这个少年的话里得到启示，开办了学校存款业务。这项业务仅在加州一地，一年就增加了25万多美元存款。

这些在别人看上去是很幼稚的小事，却为他的银行创造了巨大的价值回报。同时，由于口碑和宣传的连锁效应，还为他创造了无限的潜在商机。可见，在很多小事中，是蕴含着无限财富的。这也正是基安尼尼的卓识所在。

时至今日，学校存款业务已在全球普及推广，分布在各个学校里的各种各样的储蓄代办所，为银行提供了相当可观的营运资金，银行家们步基安尼尼之后，充分认识到了学校存款业务的重要性。

基安尼尼独到的经营艺术，还表现在他"顾客就是股东"，关注低收入者，不搞大股东大资本家的经营原则，以及关于分行网点的开设计划和实施步骤等许多方面。正是由于具有了这种敢为天下先的经营思想，经过不懈努力和奋斗，到了1918年，基安尼尼创办的意大利银行的分行数已增加到24家，总资产达9300万美元。就其分行数来说，意大利银行成了全美分行最多的银行；就其存款金额来讲，则跃居加州的第四位，基安尼尼所有的计划都开始步入正轨。

于是，创办意大利银行之初就萌生的“称霸加州，向华尔街的摩根霸权挑战，进而称霸全美”的思想，在基安尼尼心底逐渐趋于成熟。

用魄力化解危机

从1918年开始，为了登上全美第一大银行的宝座，基安尼尼和他的家族努力奋斗了近30年。如果从意大利银行创立之初的1904年算起，这段努力奋斗的历史更有40余载。早在创业之初，基安尼尼的成功迹象已极为明显，这还是1906年时的事。

1906年4月18日上午5时12分，旧金山湾爆发了强烈的大地震。位于旧金山北方320公里的俄亥俄州界森林中，曾经长满茂密的美国松的地方被夷为平地，温泉自地表喷向高空，大小车辆横七竖八地堆在路上。在第一次地震平息后的十分钟，又袭来了第二次，这一次更为迅猛，将沿海市街上的许多房子震毁了，地震又引起了大火，烧掉了旧金山的很多街区，整个城市上空笼罩着黑烟，公路两侧，茫然的群众坐在被毁的家门前。

慌乱中，基安尼尼和他的助手们历经艰险，抢救出8万元现金。在州长召开的紧急会议上，各主要银行的代表提出关闭银行六个月的主张，唯独基安尼尼力排众议，大声说道："在这紧要关头，不打开金库，那银行是干什么的？"

这时，其他银行的代表脸上显出阴暗的神色，于是，基安尼尼又大声补充道："我要打开银行。意大利银行明天早上在瓦夫开店营业，各位先生也请打开银行，若没桌子的话，来向我借或偷都可以！"他的声音有些颤抖。

在危机面前，同样显示了基安尼尼卓而不凡的魄力，这正是一个成功者的与众不同之处。能与现实势力抗衡，这不但是一种勇气，更是一种超越现实的思想力的充分体现。一个有卓越思想力的人能成功，是一件理所当然的事情。

灾害过后，由两个酒桶和一块木板搭成的露天银行在瓦夫街头开始营业了，往来的客户络绎不绝。到5月22日为止，基安尼尼的露天银行在瓦夫已经营业了一个月。这天早上，《年代报》上刊登了一则大幅广告，令旧金山各

大银行的高级主管们看了都焦躁不已。

这则广告的文字是由基安尼尼亲笔拟定的，内容如下：“意大利银行恢复正常营业！地址是蒙哥马利街622号。”出人意料地是，广告一刊登出来，前来存款的人竟比提款的人还要多。鉴于火灾的教训，人们发觉把钱藏在床垫下或是衣柜里，是有潜在危险的，还不如存到基安尼尼开设的银行里安全。

大地震之前的意大利银行只能算是一家地方银行，因为它的顾客仅仅包括北海岸附近山带的意大利移民。但大地震之后，那些非意大利籍的顾客就明显地增加了。

基安尼尼开办的意大利银行，因祸得福，财运亨通，规模愈来愈大。1906年底（就是发生了大地震的那年），银行存款总额已经超过130万美元，至于贷款总额比存款总额还要高，达到140万美元，银行的股东各分到百分之五的红利，基安尼尼经营银行的才华已充分展露出来。

大肆扩张，构造全美第一大银行

进入20世纪后，凭借着基安尼尼的经营天才，意大利银行已经颇具规模，在美国已经有相当的信誉，然而基安尼尼并没有安于现状，而是四处出击，迅速壮大银行的实力。

1908年秋天，基安尼尼收购了圣诺耶的一家高利贷银行，即圣诺耶银行，顺利地开始了他的分行网开设计划，迈出了分行体系的第一步。

1910年，基安尼尼成功地买下了旧金山银行，而且仅一周后，他又将旧金山的机械银行收购。这两家银行被基安尼尼合二为一，改名为意大利银行市场街分行。不久后，圣玛提欧银行也被他买了下来，成为意大利银行的圣玛提欧分行。以后，基安尼尼又多次合并了很多经营不善的银行。

1922年春，基安尼尼和贾克摩乘火车沿南太平洋铁路来到洛杉矶，开始了拓展洛杉矶分行网的第一步。基安尼尼首先以个人身份买下派克银行的股份，并将其改为意大利银行的洛杉矶第一分行。

1919年，基安尼尼和他25岁的儿子马利欧来到纽约市，买下意大利移民社区中的一所小银行，接着，又买下了一些更大的银行，设立了一个名叫意大利银行企业股份有限公司的控股公司，并把分行网扩展到海外。

1928年，基安尼尼又购买了纽约的美国商业银行。1930年，基安尼尼经过与摩根银行两年的竞争，终于取得了和华尔街大亨的这场生死存亡之战的胜利。同时，基安尼尼把属于意大利银行系统的各个分行，全都改为美国商业银行。

1940年，年过70的基安尼尼请求退休，由马利欧继任总经理。在几年之后的年度股东大会上，总经理马利欧用极其有力的语调，对参加大会的股东作报告：“去年的存款总额突破5亿元！超过纽约契司·曼哈顿银行，已登上全美第一的宝座。”如雷贯耳的掌声顿时响起。

马利欧在掌声平息后接着说："仅在加州的分行数即达410所，行员6000名，二次世界大战结束后，我们计划扩大海外的分行网。"又一次热烈的掌声响起。

这时，水晶玻璃吊灯华丽耀眼的灯光照着阿马迪·基安尼尼深棕色背心的右边口袋上的金链闪闪发光，只见他露出极其满足、得意的笑容，聚精会神地听儿子报告。

1949年六月，享年79岁的基安尼尼因心脏麻痹，在圣玛提欧的私人住宅里与世长辞了，但由他一手奠定美国第一大银行基础的美国银行，迄今仍是影响世界金融界最有力的集团。

纵观基安尼尼从普通到优秀的过程，是一个集实干、冒险、谋略、扩张等诸多因素于一体的创业过程。其中最值得我们探究的，就是一个曾处于社会底层的贫苦小子，是以何等的精神状态和人生理念一步步走向辉煌的。他的这种精神特质，在创业实践中，有很多东西至今仍值得我们学习和借鉴。

第六章

修车学徒工出身的汽车大亨

——福　特

在当今汽车行业中，福特是个富于传奇色彩的人物。从一个与父亲不合的倔强少年，到底特律的汽车修理工，然后成为称霸汽车业的大亨。福特的传奇过程，成为无数业界人士创业的楷模。

福特的成功，并非天之所赐，而是在艰辛坎坷和锲而不舍的奋斗中获得的。他在七岁时已崭露头角，在厨房、煤仓研制汽车，摸索出生产流水作业93分钟造车秘诀；不惜一切与华尔街大亨们抗衡；以当时少有的高酬劳日薪五美元雇用劳工；竞选参议员；建立工业王国的博大雄心……这一连串不寻常的足迹，编织成了福特独特而绚丽的人生之路。

立志须趁年少时

亨利·福特的祖父乔治·福特是爱尔兰人，在一次伤寒传染病的驱赶下，携带家眷背井离乡，来到美国迪尔本森林区，以伐木为生。乔治的儿子威廉·福特则从事密西根中央铁路的修路工作，不久也返回迪尔本做木匠。

威廉后来与一位木匠的养女玛丽结婚，接连生下两个男孩，头一个夭折，第二个便是未来的汽车大王亨利·福特。

威廉白手起家，除修建一座两层楼住宅外，还办起了冶炼厂、面粉厂、毛织厂。当然，这些工厂都是简陋的手工作坊，但威廉颇为重视自己靠着双手与斧锤创下的产业，所以一心想训练儿子亨利继承他的手工作坊。而亨利却不以为然，并对守旧的原始手工业深恶痛绝。为此，父子间产生了严重的分歧。

福特的母亲玛丽是位性情温和而坚强的人，这对亨利的成长起了很重要的作用。亨利一生都以母亲的"勇气"、"忍耐"、"锻炼"、"秩序"，作为自己的座右铭。他说："我从母亲那里学到了在现代社会中的生存方法，母亲曾告诉我，家庭幸福是一个人幸福的开始。母亲还教我要诚实为人，如果我违背了她的教导，她很生气，往往几天都不理睬我，令我十分难过。"

母亲还是他的第一位启蒙老师，她经常用天文、动植物的知识来启发福特的思维能力，从而使他对科学技术产生了强烈的好奇心。

在福特七岁时，他进了一所小学，他的算术成绩总是名列前茅。但他并不满足学校所学的那些课程，还对机械却产生强烈的兴趣。

1903年的时候，父亲带他去底特律，在火车站他看见一列一列火车，火车头喘着粗气，"呼噜呼噜"冒着烟雾，把一串串满载的车厢拉走，奔驰如飞。他兴奋地手舞足蹈，后来竟钻进一个火车头里不肯走。

司机见他对这个"怪物"兴趣如此之大，就满足了他的好奇心，让他坐到驾驶台上将汽笛按得“呜呜”地响，接着，又为他示范如何开动火车。

亨利回家以后，兴奋得通宵未眠。他反复琢磨，为什么锅炉里加了煤，车头就会跑了呢？

不久，他偷偷在学校里制造了一个小小蒸汽机，由于加煤过量而引起了爆炸，他的嘴唇也被碎片刮破了。虽然如此，年仅七岁少年的发明实验，不仅轰动了全校，也轰动了迪尔本，人们隐隐约约感觉到，这里出现了一个天才。但父亲威廉却不这么想。他只认为儿子厌恶农活，而且非常淘气。

也难怪他会这么想。因为小福特的确不愿与牛马猪鸡打交道，这与村里所有孩子们都要或多或少干一点农活大不相同。父亲实在逼急了，亨利才勉强干一点儿。在他小小的心灵中暗下决心，要发明机械，用来代替繁忙的人工劳动。

对机械的兴趣决定了福特的奋斗目标。虽然当时福特还是个孩子，但他对机械的兴致和研发机械的意念，已深深地在他的脑海中留下了烙印，就是这种印迹，支撑了他一生的奋斗意念。

用远见卓识巧妙回应挑战

凡有远见卓识的企业家，这时都预见到汽车制造业在未来大工业生产中将扮演核心产业地位，于是纷纷把手伸向方兴未艾的汽车业。摩根就是其中一位，他是华尔街横空出世的银行家、投机商，而杜朗是全美首屈一指的马车制造商，当然也不例外。

杜朗自知资力与威望不足，就向摩根提出了新的构想："若能把福特汽车公司、别克汽车公司、马克斯威尔·布里斯柯公司、REO公司这四家公司组成联合企业，控制在我们手中，那我们就控制了全美汽车业，也就控制了5～10年的美国汽车市场。"

在摩根的支持下，杜朗召集这几家汽车公司的老板福特、奥斯、布里斯柯在底特律举行秘密会议。

福特很快就了解到摩根、杜朗在打着弱肉强食的主意。表面上他并不一口拒绝，只是从侧面加以否定："我对企业联合不感兴趣，阁下如肯买下福特公司，我倒可以考虑。"

摩根的女婿沙利特冷眼看着福特："你想要多少钱?"

"现金300万美元!"

奥斯闻听此言，也附和说："REO公司也只卖300万好了!"

这样一来，企业联合的阴谋就泡汤了。

福特推翻了摩根、杜朗的企业联合提议后，兢兢业业地生产他的大众化T型车，这种T型车，在全美汽车生产史上，留下了极其辉煌的一章。

杜朗与福特、奥斯反目之后，并不甘心偃旗息鼓，而布里斯柯也答应与杜朗合并。摩根答应承担公司2/3的股份。可是，当杜朗公司以此为合并基础去与凯迪拉克、奥斯摩比谈判新的联合计划时，摩根却派出法律顾问史泰森与他协商新的合作计划。杜朗从史泰森的语气中得知，摩根怀有强烈的鲸吞野心，一旦时机成熟，马上就会赶走自己。这样的赔本生意，他自然不会同意。

“那么，摩根银行与你的合作，到此为止了。”显然，史泰森是受命于摩根才作出这一斩钉截铁的宣布。从此，杜朗与摩根分裂了。

1908年7月21日，《纽约时报》赫然登了一条爆炸性新闻：“汽车业界首次联合计划已经开始，如果联合计划得以实施，则今后全美的汽车业有可能在大资本下统一生产经营。新公司的优先股为1400万元，普通股为1100万元……”

汽车企业的大联合仅有一些汽车业巨头参加，怎么会一下子登到报上去了呢?这一秘密在全国反垄断舆论占上风的情况下被透露出来，无论是对摩根，还是对杜朗，都是很不利的。

这种作法无疑会起到瓦解联合的作用。至于这一举措的策划者是不是福特?人们不得而知，但有一点则是肯定的，这条消息的发布，对于我行我素、谋求独立发展的福特，是颇为有利的。

在每个潜伏着巨大前景的行业背后，同样潜伏着很多欲望和野心。但福特还是巧妙地回应了这种欲望和野心的挑战，同时也让福特明白了一个道理：要想摆脱这些，只有强大起来，才能有效地抵御来自各方面的欲望和野心。

寻求迂回突破，赛车场上竞风流

福特的个性自始至终都是很独立的。公司的成立，在无形中使福特感到了压抑，最终还是选择了独自创业的道路。虽然这样做的风险和阻力非常大，但福特明白只有这样，才能开创出属于自己的事业。

福特后来在回忆中说："我终于明白了所谓'公司'只不过是以赚钱为目的罢了，我发誓再也不听命于人。在我辞职之后，底特律汽车公司开始制造凯迪拉克汽车，我则另外租了一间小仓库作为工作室。在这间小仓库里，我静下心来反复思考什么样的汽车才是我所需要的，对我来说，这间小仓库是极为重要的实验室。"

福特经过长时间的思考，决定制造一辆赛车，以此能闯出些名堂来。这是违背他初衷的决定。因为他当初的理想是生产大众化轻型车，但现在他想，如能在赛车中获胜，可以得到一笔丰厚的奖金作为新投资也不错——他太需要钱了。

在他的小仓库中，又请了两位助手：设计师威尔斯、学徒巴提尔。研制赛车花费了5000美元的巨资。父亲威廉也把迪尔本的森林卖掉资助他，因年事已高，就举家搬到底特律，与亨利住在一起。

赛车的成败取决于速度，所以福特研制的新车就是高速的两缸赛车。

1901年10月10日，底特律全国汽车大赛拉开了帷幕，在格罗斯·勃音特赛车场排满了上万辆汽车。

福特在第三场一英里参赛中名落孙山，但他并未气馁，接着在第四场10英里比赛中，以13分23秒的成绩获胜。于是，福特成了底特律人心目中的英雄，"福特汽车"成了有名气的汽车。

福特虽然在比赛中获胜，但获胜得很吃力，很勉强，原因是车速不够理想，于是他决定研制两辆80马力大型四缸赛车。

他的新赛车车身长10英尺，引擎回转速度每分钟为1500转，引擎、机械、油箱等均裸露在外，上面仅有一个司机座位，那样的赛车，简直像个怪物！

1902年10月最后一个星期天，底特律举行了全国汽车大赛。福特坐在999号赛车上。人们都把目光集中在他的怪车上。

在淘汰赛中，999号赛车名列前茅。接着，在最后一场5英里决赛中，999号轻而易举地战胜了其余37辆赛车，名列榜首，并刷新了全美汽车大赛的记录！

999号成了红极一时的英雄车，福特的目的已经达到。他把999号车卖给了自行车赛的冠军获得者库帕。福特计划用这笔资金重新设计制造大众化实用的福特汽车，这是他梦寐以求的目标。

车赛的次日，福特·马柯姆森汽车公司成立了，合伙人马柯姆森，是底特律富有的煤商。福特雇用了12位有经验的工匠，并亲自参与设计工作。

目标的突破，有时需要以迂回的方式来实现。福特借赛车的宣传效应，一举多得，使得他重新设计制造大众化实用汽车的理想得以实现。这一举措，可称得上是福特的得意之笔。

腾飞从T型车开始

流水作业是工业生产的一项创造性的革命，它是提高生产速度的必由之路，也是福特创造性的思维带来的飞跃。

经过数年的探索，福特不断改进设计，先后生产出A、B、C、F、K、N、R、S八种车型，从两缸到六缸，从八马力到四马力，从有篷到无篷，可以说是做了很大的努力。

福特汽车的质量，已经达到一定水准。此时，福特并未陶醉于已经取得的成功，他的追求是无限的。

有一天，福特告诉他的属下："我在想使汽车生产规格化、标准化……"

"什么是规格化、标准化？"

"如果福特汽车外型、颜色完全统一，这样，买主维修、保养就方便多了，他们也会愿意买我们的车。"

福特不久又有了新构想，他说："公司只是等顾客上门或是由人员销售，市场会非常有限，我们可以通过邮局开展邮购业务……"

邮购业务实行后，订单就不断地涌来，有时一天就接到1000多份订单。订单之多不仅使销售人员招架不住了，生产人员也撑不住了。

仅仅一年时间，T型车就销售6000辆，除去一切宣传费用，净利比过去五年还高出200余万元！

福特汽车的大量销售，达到了供不应求的地步。福特汽车原有的生产规模已无法适应新的市场需求。

福特决定扩建工厂，他在底特律海兰德公园购买了一块60英亩的土地，由年轻有为的建筑设计师阿尔巴顿·康负责设计工作。福特指示：新厂房要设计成屠宰业生产线的模式，实行流水作业。

工厂建成以后，一座四层楼拔地而起，落地玻璃长窗占了外观总面积的

75%。总装配线设在厂房一侧，是一层建筑物，屋顶全是玻璃天窗，采光非常好，便于工人生产。钢架上有一架架吊车，可将各种配件吊起移动到固定位置装配；工人可以原地不动，只要吊车带着配件来回滑动就可以了，这样，工人的生产速度大为增加。其次，各生产环节也广泛地使用传送带进行流水线作业。福特创造了93分钟生产一辆汽车的新纪元。

新厂房竣工之际，由于T型车销售量成倍地增长，只好又把新厂扩大了一倍。

T型车自1908年至1927年的19年间，一共生产了1500万辆，曾一度占领了68%的世界汽车市场。

T型车之所以取得如此辉煌的战果，与福特一贯追求的目标是分不开的。福特在秘密设计室里，曾不断教导设计师们："我们的目标是价廉、轻便、大马力的大众化汽车。制造4缸、20马力、一体成型封闭型引擎。采用2进、一退的行程齿轮装置，用钒钢合金制造车身。引擎一定要规格化，以便于并不太熟悉机械的一般司机也可以操作、维修。"

T型车一加仑汽油可行驶25公里，时速可达75公里，而成本仅有260美元。这样好的汽车，这样便宜的汽车，怎能不占领世界汽车市场呢？

福特开始被视为是一位卓越的成功者。他也为自己的成功感到无限的喜悦，但他并没有满足于此，陶醉于此。他从自己的成功经历中悟出"不停追求，才能不断进取"的真谛。

福特迅速成功地进行了从技术设备到员工管理的工业生产革命，从而使他的名字响彻世界。同时，他在汽车界的影响范围在无限扩大，他几乎成了业界的典范人物。

坚持独立，决不屈服

在势力和压力的逼迫下，想独立是不容易的，特别在福特公司还是个起步不久的小公司的时候。自由独立、倔强固执的福特绝不愿意仰人鼻息，受他人牵制，他面对来自各方面的压力，仍旧以行动坚持着自己的独立意识。

福特在回忆中说："我的人生道路是坎坷不平的。我受到了'汽车制造协会'这一汽车独占集团引出的'薛尔登专利事件'的严重打击……对我提出控告、兴师问罪的并非是薛尔登本人，而是汽车制造协会的那些人。显然，他们千方百计要把我赶出汽车市场而达到独霸的目的。"

乔治·薛尔登是一位纽约的律师，同当时许多人一样，对研制内燃机有极大的兴趣，于1879年曾提出了专利申请，可是不知为什么，直到16年后的1895年才拿到许可证。

薛尔登的专利申请，简单而又模糊，他也并不曾身体力行地研制如他所说的"发动机驱动车轮"，他的申请无非是整个笼统的汽车引擎的制作构想而已。

福特对于心怀叵测的控告不予理睬，声明自己设计制造的汽车与薛尔登的专利毫无关系，根本扯不到一块儿。可是一位手疾眼快的投机家威廉·惠特尼却用20万美元的价钱买下了薛尔登的专利，成立"哥伦比亚电气车辆公司"，紧接着就对福特汽车公司提出控告，然后又控告其他9家公司。

9家公司作了妥协，同意成立"汽车制造协会"，协会成员公司须向惠特尼缴纳汽车销售额1.5%专利金。老谋深算的底特律投资家们一再劝说福特也加入汽车制造协会，但被福特一口回绝："这是另外一种垄断形式，我不付这种无理的专利费！"

于是，汽车制造协会便向地方法院控告福特"侵占专利权"，攻势咄咄逼人。福特虽予以反击，但独木难支，后来他想出一个策略："福特公司，以300

万现金出售!”

此时，在麦迪逊花园广场正在举行汽车大展，而福特的B型车正准备推出，如果能参加展览，当然是推销B型车的最好时机。

在费城财团的大力游说下，汽车制造协会才勉强同意B型车参展，但提出福特车展出地点只能设在广场附近的一个地下仓库。可是，谁会到那个昏暗的地下仓库去参观呢?福特憋了一肚子气，怒气过后，福特决定要给他们来一个出奇制胜。展览那天，福特坐在驾驶座上，双手紧紧地握着方向盘，一踏上冰面，就猛踩油门，汽车怒吼一声，像脱缰的野马，如箭离弦，飞奔而去。

记者们都看得目瞪口呆，直到汽车驶到湖的尽头，才如梦方醒:“B型车，真了不起!”

次日，在底特律各种报上都刊登了这条消息:“福特公司的B型车亚罗号在克雷尔湖冰面上疾驰，时速高达144公里，刷新了世界记录!”

这就是福特的谋略艺术。次日，福特公司在报上刊登了一则广告:“未缴纳不当专利费的福特B型车，时速快、价钱低，是大众化汽车，并非是用来赛车的奢侈品。”

福特的用意是，以不缴纳那种敲诈性所谓“专利费”为诉求，公众自然会相信B型车便宜;而价廉物美，就是消费者的需求。

随着流水作业生产线的建成，更加结实便宜的各种款式的福特汽车源源不断被制造出来。此时的福特，已完全摆脱了各种威胁和制约，成功地打造了独立自己的汽车王国。

将利润的一半分给员工

员工是最前沿的财富创造者，如果他们的付出得不到相应的回报，将成为事业发展的潜在隐患。福特及时认识到了这一点，并决定在福利以及其他方面让员工有同享利益的权利。福特明白，只有这样，才能激发员工的工作积极性，才能使他的汽车事业有足够的前进动力。

福特对负责工厂技术和生产的苏伦森先生是满意的，他懂技术，工作又认真，经常通宵达旦地工作，周日还加班工作，但此人也有不少毛病，对下级以及工人傲慢无理，有时为了完成生产任务，不管工人家里有事无事就命令加班，工人疲惫不堪，随之出现了抵触情绪。

“你通知一下吧，明天一早召开紧急厂务会议。”在紧急会议上，福特的举动令大家颇为疑惑，一时摸不着头脑。

福特询问苏伦森：“现在，工人工资是多少？”

苏伦森有些愕然，因为这个问题福特一清二楚，不知何以明知故问，但也只好答道：“平均日工资 2 美元。”

“现今红利已高达 200%，工资需提高一下。”

苏伦森为难地说：“2 美元已比邻近的别克汽车公司高出 20% 了。”

“我还要提高！”

“那就 2.5 美元吧。”

福特不满地注视着苏伦森，果断地说：“我看要增加一倍，从明天起，工人工资每天最低为 5 美元。”

这是个惊人的数字，也是个惊人的决定。不仅苏伦森，其他人也目瞪口呆。

苏伦森半天才说出一句话：“你是说把全年利润的一半分配给职工？”

福特肯定劳工价值，无疑也是肯定福特汽车公司的价值，在劳资关系上，福特迈出了革命性的一步，没有远见卓识，谁也不会迈出这一步。

福特公司日薪5美元的消息，像旋风一样，从厂里刮到厂外，引起极大的震动和冲击。《纽约时报》、《华尔街经济日报》等许多报纸报道了这个消息，还发表了各种各样的评论，有贬有褒，各说不一。

福特公司这一作法，势必冲击其他汽车公司，而其他公司不但不会效仿福特，还会抨击他。但胸有成竹的福特“一意孤行”，并不予理睬。然而一位工人妻子给福特的来信，却大为震撼了他：“英明的福特先生，相信您应该了解人绝非机器，不能光工作而不休息，虽然一天5美元，全是您的恩赐，但如此的作业制十足毁灭了我的家庭！”

这位职工的妻子的来信，深深地困扰着福特。一天，他带着妻子克拉拉和儿子爱德歇尔，来到了迪尔本教堂。

福特告诉牧师马吉斯：“我的作法其效果适得其反，我是否违背了上帝的旨意?但不管如何，我希望福特公司是一个更人道、更宽厚的企业。希望您能帮助我完成这一夙愿。”

马吉斯被深深地感动了。他索性辞去牧师之职，担任了福特公司新成立的职工福利总顾问一职。他走访职工家庭，随时向福特报告情况并提出自己调适职工生活的意见。福特很重视他的意见，并一一着手改进，以期望工人对福特公司产生信任感。

福特在他的“工业王国”的宏伟蓝图上，一笔一笔地勾画着他辉煌的成就，使得这位从底特律汽车修理铺中的学徒工，逐渐演变为一代汽车大王。在这个过程中，虽然不时出现挫败和打击，但福特总能以顽强的意志力和坚定的信念回击它。独立的意识和进取的精神，是福特从普通到优秀的有力武器，正是这个武器，帮助福特在现实的残酷竞争中一路拼杀，走向辉煌。

第七章

每年卖出200亿美元汉堡的快餐皇帝

——克劳克

麦当劳已经是全球最大的快餐连锁霸主，创造出这一奇迹的克劳克，被世界称为麦当劳汉堡大王。事实上，他是在1961年才把麦当劳兄弟参观的股权全部买下的，10年之间开办了2000家连锁店，成为世界最著名的企业之一。现在的麦当劳，已完全超越了它的饮食性质，在全球形成了一种特定的消费时尚和快餐文化现象。

1937年，麦氏兄弟——麦克和迪克在洛杉矶东部小镇巴沙迪纳办起了一家汽车餐厅。这家餐厅只有小小的一间厅堂、三个服务员和十几张椅子，其规模与现在风靡全球的麦当劳连锁店简直无法相比。在当时的餐饮大军中，它也只是沧海一粟。但他们那奇特的八角形建筑以及物美价廉的食品却引起了人们极大的兴趣。

麦氏兄弟发明的这套经营方式和服务系统，顺应了战后美国人崇尚方便低价的趋势。但是，麦氏兄弟只适应经营小规模的事业，尽管他们为当今麦当劳连锁王国打下了坚实的基础，但他们却成不了这一事业的主人，真正使麦当劳享誉全球的，是克劳克。

自1955年克劳克接手麦当劳以来，他继续发扬自己兢兢业业的精神，锐意进取，把各地的汉堡速食店经营得有声有色，“麦当劳”名声大震。经过不断的改革发展，麦当劳网络从加州开始延伸，渐渐遍布全美国。如今，麦当劳的营业额占全美快餐业总额的42%以上，麦当劳成了真正的快餐王国，全球拥有数万家连锁分店，年营业额数百亿美元，克劳克是这个王国的国王。

53台搅拌机改变麦当劳命运

1948年12月，加州圣伯纳迪诺的麦当劳两兄弟——麦克与迪克，开起了"麦当劳速食店"，专卖经济、方便的汉堡，这就是麦当劳的原始雏形。到50年代初，麦当劳速食店已成为具有一定实力的食品企业了。

一日，当机械经销商克劳克出差归来后，得知麦当劳兄弟一下子从他这里购买了53台搅拌机时，他大为震惊："53台？这么多！这位大主顾是什么地方来的？"

公司职员回道："加州圣伯纳迪诺。"

"他买这许多冰淇淋搅拌机作什么用？"

"听那位迪克先生讲，他是开汉堡速食店的，制作冰淇淋搭配汉堡卖给顾客。"

克劳克心想："卖这么多冰淇淋，汉堡也一定卖不少，看来，这是一家大型汉堡快餐店，一定很赚钱的！"

克劳克踱来踱去，现出若有所思的神情："这样的大客户，我失之交臂实在可惜。说不定他将成为公司的长期客户，我应该登门拜访才对，从而巩固我们之间的关系。"

克劳克赶紧处理完公司的几件急事后，到圣伯纳迪诺会见麦克兄弟。

克劳克来到麦当劳速食店大门外，但并未立刻走进店里，反而站在街上观察来店购买、进食汉堡的顾客状况。他看见顾客川流不息，几乎没有一刻停歇的时候。

他绕店铺走了几圈，然后又进入店内。在蜂拥而至的顾客面前，店铺显得窄小而拥挤，许多人没有办法，只好拿着汉堡站在窗台、门口、马路上吃。

"要是我开快餐店，绝不会弄得这么窄小拥挤。"他边看边摇头地喃喃自语。

"哎!"他突然一拍脑袋，灵机一动，计上心来，心里说："我何不买下这家速食店呢?——也许会是我事业的一个转折点。"

傍晚，速食店打烊以后，麦克与迪克兄弟二人来到克劳克下榻的饭店，共同谈起他们的合作事宜。

他们先谈各自的经历与生意状况，彼此聊得很是投机。当麦克谈到当前速食店由于资金不足、力不从心时，克劳克觉得该是摊牌的时候了。

"资金吗?我倒有个办法，不知二位肯与不肯。"克劳克知道资金问题是麦当劳兄弟的当务之急，所以就先卖了一个关子。

"唔，有什么办法?克劳克先生，请说说看。"麦克追问了一句，紧紧盯着克劳克那犀利的目光。"不瞒两位，我今天一到贵店，看到店面狭窄、但顾客盈门，我就灵光一闪……"

克劳克说到此处，就没再说下去，举一杯白兰地慢慢地喝了一口，然后斯文地卖了个关子。

麦当劳兄弟都迫不及待地想听他的下文，不由自主的将手里的酒杯放下，准备洗耳恭听。迪克更忍不住追问："克劳克先生，您的'灵感'是什么?"

克劳克见时机已到，就直言不讳地说："我提供给你们一笔钱，买下'麦当劳速食店'的专利，怎么样?"

兄弟俩对视一下，然后麦克问道："请说明白一些，专利是如何买的?"

"你们用我给你们的专利钱扩大经营，我用你们的汉堡店名称及作料，在各地开设麦当劳分店。"

兄弟俩对视一下后，麦克又说："克劳克先生!您的提议很有意思，我们可以考虑。"

次日晚上，克劳克赴麦当劳速食店，与麦克、迪克签署了一份购买专利的合约。

从1955年开始，克劳克先后在芝加哥等地办起了数十家"麦当劳汉堡速食店"。克劳克的速食店生意十分兴隆，甚至比汉堡麦当劳兄弟的速食店效益还好，因为他资金雄厚，各地经营点又多，相对盈利也多。

1961年，克劳克买进了麦当劳兄弟的全部产业。从此，"麦当劳速食店"全部归克劳克所有了。他多年梦寐以求的事业，终于成了气候。

他继续发扬自己兢兢业业的精神，把各地的汉堡速食店经营得有声有色，“麦当劳”名声大震。

并购了麦当劳，是克劳克意料之中的事。他是一个有着雄心大略的人，从他看到速食店的第一天起，就在不停地编织他的梦想。在不断进取的成就中，最让他引以为荣的就是他终于成了麦当劳的全权掌门人。

细密策划，先称王后称霸

由于克劳克经营有方，他的麦当劳速食店在全美遍地开花，在汉堡业强手如云的竞争中，独占鳌头，无论是规模、资产、营业额或利润，都超过主要对手的“汉堡王”及“温娣汉堡”两大汉堡集团。

到了1980年，麦当劳在全球已拥有6000家分店，1979年的总营业额为54亿美元。

50年代以来，美国的军事与外交在国际事务中不断受到挑战，甚至受挫。由于受到抗议，海外驻军不断消减，海外军事基地一个接一个地关闭。在全球贸易战中，美国的情况也愈加不妙。唯有美国的汉堡速食业大军却向世界各地遍地开花，甚至无孔不入。

美国汉堡比美国军队和外交家更具影响力，这的确是令人惊异的事。在诸多汉堡大军中，其主力军就是麦当劳。

麦当劳先后在全世界各个具有购买力的国家和地区设立分店，数量高达一万余家，大约每天涌入麦当劳的顾客高达五千万人！这实在是个惊人的数字。克劳克能获得这种成就，并没有侥幸之处，而是从一加一开始的。

任何霸业都是从一步步走出来的，麦当劳也不例外。从汉堡大军中得以胜出，谋略、胆识、预知力等诸多要素是缺一不可的。稍有疏漏，都可能造成不可挽回的损失。但克劳克却能做到完美，这正是克劳克能在全球称霸于快餐业的主要因素。

最具说服力的例子，可以从麦当劳打进法国社会的举措中得以体现。

法国人无论是服装，还是饮食，早已形成一种传统的固定模式。要改变这种模式，可不是一件轻而易举的事。法国素有“美食国”之称，自古以来，法国就是提供佳肴美味与就餐情趣的圣地。他们对饮食非常讲究，在一日三餐中，开胃菜、炒菜、凉菜、点心、酒类、咖啡等，顿顿皆备。人们坐在桌前边吃边喝，慢嚼细品，边玩味边聊天，天南海北、无所不包，往往一顿饭一吃就是几个小时。

汉堡快餐却截然相反，一个人一手拿着圆面包，另一手举着橙汁或可口可乐之类，三口两口就下了肚。因此，遭到法国人的冷遇也就在所难免，许多种类的速食店都曾尝试改变这个模式，但在法国人传统饮食习惯面前，统统败下阵来。

美国的汉堡在这种情况下能打入法国市场吗？克劳克的回答是肯定的。

他在调查分析了法国人的传统饮食习惯后，同时也了解到法国人面对时代激烈竞争的新情况。也就是说，在高科技密集型工业生产面前，生活节奏同样要加快，速食在法国流行将成为必然趋势。当然，让法国人一夜之间就接受汉堡这种食物，是不现实的，它需要有一个循序渐进的过程，也需要做一些循循善诱的工作。

克劳克认为要办到这一点，需要两方面的努力，即母公司与子公司的共同努力。母公司需给子公司更大的优惠，子公司才会费尽心力，以毅力和韧性去打开市场、开拓局面。

他将原规定向分店提取10%～16%利润的商标费，改降为1%。这样，愿在法国开设分店的人积极性就高了。

他们首先在巴黎挂出了麦当劳的第一块招牌，经历过惨淡经营，逐渐吸引了一批又一批法国顾客，汉堡在少部分法国人中得到了认可，法国人的铁门终于被推开了。

麦当劳汉堡味美、价廉、营养丰富，越来越受到法国人的青睐。于是，麦当劳越办越积极，越办越多。十年间，仅巴黎一地就开设了14家分店。法国其他城市，也纷纷开设了麦当劳。

克劳克的麦当劳公司，稳稳地占领了法国的速食市场。而今，法国人的食品开支中，已有30%用于家外就餐。

到了80年代，法国快餐业得到迅猛发展，特别是麦当劳快餐店像滚雪球般的越来越多，汉堡生意十分兴隆。

然而，由于母公司提取利润不大，克劳克的收入并不很多。面对新的市场情况，克劳克向分店多次提出修改利率的意见，但均遭到分店的拒绝，为

此，双方僵持了好几年。

但值得肯定的是，一个有着多年传统饮食习惯的国度，被克劳克改造了。这是一件很了不起的事，同时也说明了克劳克的思想预测力和战略前瞻性的独到之处。

维护麦氏权益，打造品牌优势

在真正使法国的餐饮大门敞开后，却没有得到应有的回报时，克劳克仍以绝对的强势维护了自己的利益。这同样是克劳克在事业创建过程中的独到之处：没有铁的纪律和规则，就不会有雄霸全球的事业。

克劳克以“分店不合卫生要求”为名，向法庭起诉不愿意接受统一利润分成的巴黎14家分店。也许是因为克劳克财大势大的影响力，巴黎的14家分店以摘下“麦当劳”的牌子了事。这种母公司告子公司的诉讼案，曾引起很大的轰动。

克劳克在巴黎以及法国其他城市重开“麦当劳”，商标授权费用也恢复了以往的水准。麦当劳在各国授权条件都曾因各地情况的不同而有弹性，但因商标权控制在手，许多国外的合作者最后都不得善终，如台湾的麦当劳，最初由孙大伟家族负责经营，现在连股权都已拱手让给麦当劳公司。

麦当劳汉堡作为全球性的普及食品及最大的食品企业，也刺激了美国小麦种植业、饮料业的发展，特别是养牛业的大发展。因为对美国人而言，每人每年要吃下22.6公斤的碎牛肉，而这些碎牛肉中多数是通过汉堡入肚的。

现在的汉堡已与昔日北美移民所食用的汉堡大不相同了。美国农业部对于制作汉堡所用牛肉原料，作了严格规定，无论是肉的部位还是其它含脂肪量的指标，都必须符合营养标准，否则将给予处罚，甚至不得以“汉堡”之名出售。

为此，牧场主不得不千方百计地把牛养成个大体壮而又属瘦肉型。但因国内、国外市场的需求量极其巨大，国内牧场牛肉量供不应求，美国不得不从尼加拉瓜、洪都拉斯等许多中南美国家进口牛肉，从而引起了这些国家耕地面积、森林面积锐减，牛肉价格也涨得惊人。

汉堡不仅在美国人的生活中十分重要，在全世界各国人民的生活中也占

有重要位置，于是汉堡成了不少专家、学者研究的课题。

美国杜克大学一位人类营养学学者，在他的学术研究报告中指出：饮食在美国具有重要社会意义，营养食品将随着社会的发展而变化，但汉堡却是一个例外，它不会受到这种变化带来太大的影响。

在美国的一个汉堡不过几美分，再加上冰淇淋、炸薯条、可乐，也不过是1.2美元，如此小本生意，竟然每年营业额高达百亿美元，这不能不说是一个奇迹。

因此，美国有不少专家、学者都在研究麦当劳成功的诀窍。他们不断地发表文章，出版专著来探索。可是对克劳克而言，成功的秘诀很简单，他只用一句话归纳麦当劳成功的秘诀："我只是认真对待汉堡生意。"

在当今世界上，汉堡几乎成了麦当劳的代名词。对于一个颇有历史的大众食品而言，能将其归纳在一个企业名下，不能不使人们为之惊叹。

究竟是麦当劳的品牌优势吸纳了汉堡，还是汉堡顺其自然地占了麦当劳的光，我们无须探究，但可以肯定的是：能见到汉堡的地方，就能见到麦当劳的金字招牌。这无疑是品牌的优势在无止境地蔓延。

麦当劳应该帮助加盟者成功

麦氏兄弟精明能干，富有创新精神，但他们安于现状，没有战略眼光，他们虽然成功开创了麦当劳事业的基础，但是没能带领麦当劳走得更远。真正带领麦当劳走向辉煌的，是搅拌机推销员克劳克。

克劳克1954年开始与麦氏兄弟合作，取得经营权，次年开设了第一家麦当劳餐厅，一手创建了麦当劳公司。克劳克的苦心经营成就了麦当劳王国的霸业，可以说克劳克才是麦当劳王国的真正缔造者。

克劳克买下麦当劳的时候，美国已有了不少连锁店，竞争相当激烈。对于经营连锁店，克劳克有自己的独到见解。在克劳克的领导下，麦当劳不但巩固了原有阵地，而且不断扩张，取得节节胜利。

克劳克独创的麦当劳连锁系统其实是一套特别加盟连锁制度，是对麦氏兄弟原有连锁制度的改良方案。

克劳克不仅在连锁加盟者的选择上非常慎重，还采用控制加盟者的经营方法。就这一点来说，麦当劳与那些卖了连锁许可便撒手不管的连锁品牌大不相同。

另外，克劳克坚持不把连锁权卖给实力雄厚的连锁加盟者，以防后患。克劳克一直担心有一天，强势加盟者的实力会超过总公司，从而不再受总部约束。他说："如果你卖出一大块地区的区域权利，就等于把当地的营业权全部让给了他。他的组织代替了你的组织，你便失去了控制权。"

克劳克坚持一个区域只卖一个连锁餐厅经营权的原则，舍弃当时通用的"区域连锁"制度，将每一个连锁经营权的价格统一定为是950美元。当时流行的连锁方式是：高价卖出一个区域的经营权利，买方可以在这一区域的任何地方使用其连锁品牌。最初的时候，克劳克也采用这种方式，不过他很快发现了这种连锁方式的缺陷。1969年以后，克劳克的连锁合约细代到对城市、

街名都加以限制。同时，对原有的那些大范围的区域连锁店，规定如果麦当劳决定在当地开更多的店时他们有权利优先购买新店的连锁权，但无权自行设店。

作为鼓励和支持，克劳克还允许业绩出色的加盟店主可以拥有许多下属加盟店——这样既可以产生连锁效应，使好的制度和方法得到充分利用，也可以给加盟店主带来了不小的动力。至于表现恶劣的连锁加盟店，则永远只能拥有一间店面，甚至可能随时失去连锁经营资格。

同时，麦当劳制定了一套中心管制办法，使所有的加盟者有章可循。管制中心精心选择原材料供应商，并制定所有的食品原料的标准。同时，管制中心严格考核加盟者是否按程序去做，原料供应商是否供应了合乎标准的材料。麦当劳还找到了一种工作方式，既能够保证品质的一致化，又不至于因为工作程序过于严格而影响个人能动性和创造力的发挥。这种强有力的、科学的中心管理系统，有效地保持了加盟者的统一性，给麦当劳品牌带来了巨大的整体效益。

克劳克是个精明的商人，但他并不看重金钱，他看重的是自我价值和实现。他和麦当劳几乎完全融为一体，麦当劳是他全部骄傲的资本。他把QSCV(麦当劳的服务标准：质量、服务、干净、经济)当作一种信仰。

克劳克坚持认为，连锁母公司应该尽其所能地帮助加盟者成功，而不是想方设法压榨加盟者的血汗钱。克劳克总是平等地对待加盟的合作者，真正把他们当作自己事业的合作伙伴。克劳克将众多加盟者组织起来，并使所有的加盟者与他站在同一阵线。麦当劳之所以取得成功，关键在于麦当劳能够带领众多加盟者，不但为自己的利益，而且为麦当劳的整体利益而努力。

立足本土，称雄美国

到20世纪60年代中期，麦当劳就已经在美国境内拥有800多家连锁店，每个州平均有17家左右，年营业额超过2亿美元，平均每个美国公民每天消费1美元左右。40年后的今天，美国公众对麦当劳快餐的需求量依然在急速膨胀。据不完全统计，美国有99%的消费者曾经在麦当劳用过餐，半数以上的美国人的住所离麦当劳餐厅仅3分种车程，美国50个州共有麦当劳餐厅1500多家，全年本土销售总额达到160多亿美元。

麦当劳创建于美国，自然把征服美国作为它的最首要的任务。麦当劳人一路风雨兼程，历经半个多世纪，到今天他们完全可以自豪地宣称：麦当劳已称雄美利坚。

麦当劳创业之初正逢美国的快餐店遍地开花之际，卖汉堡的有的是，麦当劳自然未能引起公众的广泛注意和兴趣。1955年4月，克劳克千辛万苦建成的麦当劳第一家标准连锁店——德斯普兰斯餐厅开张营业。虽然店面如克劳克所要求的那样整洁明亮、色彩缤纷、一尘不染，但却没有出现他事先所预期的顾客盈门的景象，更加没有大批投资者前来踊跃购买麦当劳快餐连锁权的场面出现。

为了使麦当劳尽快在美国快餐界站稳脚跟，迅速提高市场占有率，克劳克绞尽脑汁想出了一系列有效而独特的经营方法和奇妙的促销策略。

克劳克并不急于增加快餐连锁店的数量，而是想尽力先把一个标准示范餐厅搞得有声有色，再通过标准示范餐厅的社会效应，来吸引一大批投资者自愿加盟。通过特许经营的方式，实现麦当劳的迅速扩张，直至称霸美国快餐界。这后来成为麦当劳的核心经营战术之一。

为此，克劳克决定亲自主持经营麦当劳发源店——德斯普兰斯餐厅。在他的苦心经营下，该餐厅当年的销售总额达到了可观的15.8万美元。次年，这家餐厅的年销售额更是达到了20万美元，税前利润约为4万美元。这样，许多人觉得有利可图，纷纷找到克劳克，要求加盟麦当劳。麦当劳快餐连锁店迅速扩张，从1955年的2家发展到1956年的12家，1957年一下子达到了40家之多，增长3倍多。麦当劳成为当时美国国内小有名气的朝阳企业。

麦当劳对美国经济的影响是显而易见的。它为美国创造了巨额的税收，还大大方便了人们的生活，特别是它巨大的原料消耗更是为美国的农业产品提供了广阔的市场。此外，麦当劳还为美国人创造了大量的就业机会。几十年来，麦当劳各餐厅所雇用的全部员工，总是保持在50万人以上。

在企业文化方面，麦当劳的影响力更是超越了国界。无人不知、无人不晓的美国三大著名商标(品牌)是："微软"、"可口可乐"和"麦当劳"。

麦当劳经营的三大秘诀

关于管理，克劳克的基本理念是“认真经营”。克劳克的“认真”并非一句口号，而是有着极其深刻的内涵，他曾总结出“认真经营”共有三大秘诀。

一、摸准顾客的心理，掌握正确的销售之道。

第二次世界大战以后，虽然开始了冷战，但其更多的表现形式是和平竞争、科技竞争、经济竞争。各国所投入的最大本钱，是经济建设、经济发展，市场繁荣，有很多人投入到了各项事业中，出现了许许多多的职业女性。

女性从厨房中走出来，与男性一样进行快节奏的工作与生活。于是，快餐食品也就应运而生。快餐以它的省时、省事、价廉的特点，适应了每一位顾客的消费需求。

虽然是快餐食品，但由于人们工作十分紧张繁忙，营养跟不上，势必造成疲劳，所以汉堡绝不能做成随便凑合、应付的食物，而应该争对人体所必需的各种营养进行合理搭配。麦当劳正是强调其汉堡对于人体所必需的50种营养素——蛋白质、脂肪、碳水化合物、维生素、纤维素，一应俱全，而且比例适中。这正是符合顾客之所求，产品能抓住顾客的心理，当然就畅销无阻了。

二、推行“Q、S、C、V战略”。

克劳克推行的“Q、S、C、V战略”，是指麦当劳公司制作的汉堡以及其它任何食品、饮料，都必须符合四个原则：Quality——具备标准营养、味道鲜美的高质量；Service——令顾客满意的良好服务；Cleanliness——良好的卫生条件；Value——合理的价格。如不符合“Q、S、C、V战略”中的任何一条，像份量不足，牛肉变质或脂肪过多、饮料带菌，桌椅不洁，音乐不美，对顾客态度不佳等等，有关人员，包括经理，都要受到处罚，情节严重的，经理要被开除，甚于分店的营业许可权也会被取消。

正因为克劳克实行了“Q、S、C、V战略”，使顾客对麦当劳的品质可以完全放心，从而使麦当劳赢得极高的信誉。信誉，是企业的生命，有了良好的信誉，企业势必生机勃勃，生意兴隆。

三、实行规格化、系列化。

克劳克力求麦当劳公司所属大大小小的每一家店都独具一种特色，使顾客无论走进哪一地哪一家麦当劳，所食用的汉堡从大小、份量到味道皆毫无二致，因此其品牌印象也逐渐地建立起来，此后，克劳克花巨资、下大气力建立了一套完整的麦当劳企业管理体系，设有专用的牧场、农场、特定的面包店、餐具店等，这样，食品、饮料、餐具都形成了统一规格。

总之，麦当劳的壮大，是令很多经济学家为之惊叹的。一个曾经卖冰激淋机的普通商人和他的普通汉堡是如何成为全球餐饮史上的奇迹，这是值得经济学家探究的。从普通到优秀，可能有很多实例可供探究，但从起步时间和扩张的速度而言，麦当劳的首领克劳克无疑是处于绝对领先地位的。

第八章

称雄石油王国的霸主

——洛克菲勒

约翰·D·洛克菲勒是现代商业史上最富争议的人物之一。一方面，他创立的标准石油公司在巅峰时期曾垄断全美80%的炼油工业和90%的油管生意；另一方面，洛克菲勒笃信基督教，以他名字命名的基金会，秉承“造福全人类”的宗旨，捐款总额高达5亿美元。

这种看似冲突的行为，使洛克菲勒的创业史在美国早期富豪中颇具代表性：异常冷静、精明，富有远见，凭借独有的魄力和手段，一步步建立起庞大的商业帝国。洛克菲勒说：“如果把我变成一无所有丢在沙漠的中央，只要有一行驼队经过——我就可以重建整个王朝。”

这个曾以偷火鸡兑硬币的孩童，几乎成了命运的弃儿，但由于个人的不懈奋斗，他最终成为一名商业的巨无霸。这其中的过程绝非是一帆风顺、轻而易举的，其中有是机遇的成全，但更主要的是智慧的灵活运用。总之，有着这样辛酸背景的孩童能成为石油王国的霸主，其成功之道是值得我们探讨。

他以精明的经营头脑、远见卓识的预见力、冷静的分析和判断力、毫不留情的垄断意识和铁腕手段，在美国乃至世界石油界打出了自己的天下，称雄于世，使洛克菲勒标准牌石油独霸世界市场。洛克菲勒财团不但控制着美国的经济，也影响到美国的政治。

在自律和执著中进取

人是无法选择出生权的，但人有改变命运的权利。这种权利是每个人都具备的。只是人们将这种权利利用的程度不同，从而演绎出各异的人生。洛克菲勒就是这样一个善于充分运用这种权利的人。所以，不管自己的出身多么卑微，只要勇于拼搏，乐于进取，对每个机会都不放过，那么精彩非你莫属。

1855年9月26日，洛克菲勒找了一份工作，周薪3.5美元。

“人生只有靠自己，做生意要趁早。人生只是钱！钱！钱！在美国尤其如此。”父亲每次回来，总是不厌其烦地给洛克菲勒洗脑，向他灌输金钱意识和商业意识，洛克菲勒深受这种观念的影响，便决定中途辍学进入了生意领域。

他首先到商业专科学校读了三个月的速成教育，使他对会计和银行学有了初步认识，之后他开始寻找工作。他敲过银行经理的门，找过铁路公司，经过几周的奔波，他终于找到一家叫休威·泰德的公司，这是一家兼营货运业的中介公司，他的工作是会计助理。

他虽然是个新手，且只经过三个月的职业培训，工作起来却显得十分老练，有条不紊，这一切，都预示着这是一个良好的开端。

虽然每天坐办公桌很枯燥，但洛克菲勒却认为甘之如饴，他将这些过程当作学习生意的绝好机会，他每天都听到休威和泰德谈有关出纳的问题，这可是生意的秘密！

洛克菲勒是一个非常认真的会计人员，每当水电工来提款，老板大都是批多少就付多少，他却要把每一项目仔细查清后再付款。一次公司高价购进的大理石竟然有质量问题，于是洛克菲勒查出其供贷公司后要求索赔。此举使休威极为欣赏约翰的这种办事能力，不但为他加了薪水，并且将他定为自己的得力助手。

自律和执著进取是洛克菲勒刚参加工作时的自我约束力，正是这种力量，使他受益终生。洛克菲勒后来对员工说过：“**如果你想永远做个雇员，那么下班的汽笛吹响时，你就可以放下手中的工作；如果你想继续前进，去开创一番事业，那么，汽笛仅仅是你开始思考的信号。**”

可以说，没有自律和执著的自我约束力，就不可能有洛克菲勒后来的辉煌成就。

绝不可盲目下手

机会相对于每个人而言都是平等的。只是有人善于发现并抓住它，而有的人则忽略了它。

在休威公司的时候，与洛克菲勒一起工作的同事泰德即将退休，老板休威将少一个伙伴，洛克菲勒理所当然地成了重点培养的对象。他除了做会计工作，还担负着对铁路公司和船运公司的外务工作，是休威的得力助手。

洛克菲勒在休威公司第三年时，便自作主张地收购了一批小麦和火腿。休威对此很不满意。

但洛克菲勒自有他的卓见："董事长，根据新闻报道，英国即将发生饥荒，现在趁机把货运到纽约再出口，一定可以赚大钱。另外，我还订购了80桶高级火腿肠呢！"洛克菲勒为自己颇有预见的经营头脑而得意。后来他还购进肉干、玉米等食品，甚至还卖食盐。不久，英国真的发生了饥荒，休威公司把囤积的货物向欧洲出口获得了巨额利润。洛克菲勒的经营头脑初见成效。

掌握信息，把握机会，敢于冒险，这是洛克菲勒踏入商界成功的第一步，也是他认识自我价值的契机。

在人生的马拉松赛上，让别人打头阵，看准机会再迎头赶上是比较明智的。"不管打先锋的如何吹牛，绝不可盲目下手。"这是洛克菲勒做中间商时的座右铭。

由于南北战争的爆发，洛克菲勒暂时放下了石油，依旧向欧洲贩卖中西部的食品。这时，仅华盛顿政府对这些食品的购买就远大于供给。因而，他又与长自己八岁的合伙人佛拉格勒一起经营贩卖北军需要的食盐，他们因贩盐而成了南北战争时期显赫一时的人物。

石油行情又跌，由每加仑0.22美元的最高价跌到0.13美元。没过多久更跌到一桶3.5元（每桶40加仑），一加仑连10美分都不到，简直就如水一样贱。

油井的开采者为阻止这疯狂的下跌，相约把每桶油售价定为不得低于4美元。

这是生产者的自卫本能，我们现在称之为“产地卡特尔”。生产过剩和行情暴跌，使卡特尔方面不得不减产，否则价格不能回升。可是这样一来又因为没人购买而导致更多的积压和滞销。

一桶油才卖3.5美元，而运费却要花3美元，运输也成了石油滞销的症结所在。

这时洛克菲勒了解到产油地正计划修筑铁路，他觉得时机到了，便找合伙人克拉克商量：“我们赚了这么多钱，现在拿来投资石油，怎么样？”

“想投资正在暴跌的石油，你疯了？”

尽管洛克菲勒磨破嘴皮，克拉克依旧无动于衷。

在洛克菲勒人生道路上，英国化学家安德鲁斯和爱妻罗拉是给予他帮助最大的人。

南北战争结束前的1864年9月，洛克菲勒与史皮尔曼的女儿罗拉结婚，因岳父的原因，克利夫兰财界对洛克菲勒刮目相看。

安德鲁斯是个从英国移民来的化学家，和克拉克一样来自威尔斯，他曾经在大不列颠帝国大学做过油母岩研究，现在决意要从宾州石油这个宝库中搞出精炼油来。这位美国最早从事石油精炼实验的先驱者十分自信，他找到了同乡克拉克，说服他出资金：“让我们一起发展精炼石油事业吧，凭我们俩的资金和实力，一定会成功的。”

“现在行市不利，我们搞这个有什么用呢？”克拉克还是不感兴趣。

克拉克的消极，源于他没有预测力。而洛克菲勒的自信，恰好是来自于他的预测能力，所以时机是否成熟，在同样条件下，认知程度是不同的。

把握时机，果断实施自己的计划，是很多优秀创业者的魄力所在。机会的把握需要有很多外在条件的辅助，预测力、远瞻性、对时事的判断能力都是必不可少的条件。

用魄力与谋略突破难关

创业初期的艰难是可想而知的。困难是考验谁是真正的强者的考题，突破难关的能力总能在强者身上得以发挥。约翰·洛克菲勒正是这样一位强者。

在创业之初，洛克菲勒的新伙伴克拉克是个爱摆架子的自负家伙，在洛克菲勒面前总是摆出一副“国际人士”的样子，张口就是英国（他是英国人）。30岁的克拉克教训洛克菲勒说：“英国和欧洲的情况我很了解，不懂世故的你跟着我干就行了。”

克拉克表现的那种优越感真让洛克菲勒受不了，但为了事业洛克菲勒还是忍下来了。

开业不久，公司就遇到倒霉事。中西部的农业区遭了霜害，农作物几乎没有收成，农民用明年的谷物作抵押要求他们付定金。

一听要付定金，克拉克吓坏了，别看他平时牛皮吹得大，其实胆小无能。一共4000美元资本，怎么能付定金呢？克拉克一时手足无措，一些同业经纪商也纷纷倒闭了。

洛克菲勒沉住了气，他去找在教会认识的朋友，一家银行的总裁汉迪，请求贷款，他从银行贷得2000美元回来，“国际人士”克拉克再也不敢以老大自居了，他们的地位从此对换了。

在他们的勤奋经营下，第一年营业额为45万美元，纯利4000美元。

洛克菲勒高中的女友罗拉一毕业就住到亲戚家去了，后来又上了大学。虽然罗拉不在家，但并不影响洛克菲勒与她父亲史皮尔曼的交往，反而更加亲密了。史皮尔曼是州议员，洛克菲勒是从他那里得知全国发生的大小事情。

“约翰，无论如何，南方和北方总有一天要打起来的，那时，你也参加战争。”史皮尔曼说。

“战争？”洛克菲勒皱着眉头，他心里才没有去打仗的意思呢！

他最关心的，还是自己的生意。前年到现在中西部地方的灾害，将造成北部及东北部各州经济的不景气，与其去关心要流血的奴隶事件，还不如多留意美国的经济问题。他的心思都集中在如何偿还银行的贷款、生意如何赚钱的事务上，这些才是决定着他命运的关键所在。

“要是发生战争，北方的工业家和南方的大地主，哪个更赚钱?”洛克菲勒问。

对于年轻商人突如其来的发问，政治家史皮尔曼也无言以对。

敢于预测事态发展，乐于借助外在力量，是洛克菲勒创业初期的两大制胜法宝。正是这种魄力，为洛克菲勒的事业起步奠定了坚实的基础。

标准石油公司成立不久，欧洲爆发了普法战争，海运瘫痪，宾州石油出口业随之中断。原油价格下降，精炼石油业也受到直接影响，洛克菲勒面临着严峻的考验。

“这样下去会垮掉的!”合作伙伴佛拉格勒忧心忡忡。“不要紧，欧洲战争不会持续很久的。想想南北战争结束时石油需求量猛增的情形，我们的未来是一片光明。这次经济不景气挤垮了大批小型的中间企业，形势对我们很有利，我们一定能达到完全垄断的境地。”

正是这个有才华、有远见、有预测力、临危不惧的人，在经济不景气的情况中，气魄恢宏地抓住了看似不利却有利于完成垄断的时机，和佛拉格勒再度并肩作战，把克利夫兰那些崩溃的石油产业弄到了手。

可能是战争总能让洛克菲勒觅到机会。在别人维持现状和濒临破产出售企业时，他却大批的将那些陷入绝境的企业购进，这是一种胆识。正是这种超乎常人的胆识和谋略成就了他的事业一次又一次的扩张和壮大。

慎重选择合作伙伴

个人的力量毕竟是有限的，只有借助于外力的支持，才有可能达到规模化的进军某个行业，相对于一个初涉创业之路的人更是如此。

当安德鲁斯得知洛克菲勒才是真正掌握公司权柄的人之后，就通过克拉克和洛克菲勒联系。洛克菲勒当即答应拿出4000美元，但他名义上并未加入新公司，因为他的目标是独家包揽石油的精炼和销售过程，这将是比“卡特尔”还要卡特尔的方法。他正做多方面的准备实施自己早已看准的石油业。

以安德鲁斯·克拉克命名的石油精炼厂，坐落在克利夫兰市西南2.4公里的古亚和加河支流堤岸的下方。厂房毗邻伊利湖，不仅水运十分方便，而且能利用铁路运输。

新公司所有权归克拉克掌握，洛克菲勒则担任公司的会计和推销工作，克拉克主管原油采购。

坚强有力的同伴是事业成功的基石，但不论哪种行业，伙伴既可能把事业推上高峰，也可能导致集团的分裂。洛克菲勒经常和克拉克发生矛盾，他决定在工程师安德鲁斯以外，再寻觅一个事业上的积极伙伴。

佛拉格勒的办公室也在公司附近，这位靠盐发财的年轻人和洛克菲勒交情至深，志同道合。两个人经常在皎洁的月光下一同散步回家。一次，佛拉格勒向洛克菲勒提道：“约翰，你的石油行情不错吧，能让我也加入你们的行列吗?”

“我想你可以帮我制作木桶。”

“那好，包在我身上了。”

由佛拉格勒承包的木桶交到洛克菲勒手中，木桶质量好，克服了途中漏油的毛病。木桶外面刷着蓝色的油漆，在后来成了石油交易的徽记。这是洛克菲勒与佛拉格勒在石油业上的初次成功合作。

洛克菲勒终于决定和克拉克分手了，这是他们两人之间迟早要发生的事。克拉克向洛克菲勒递交了一纸绝交书，三位公司领导人终于决定将公司拍卖掉。这时，安德鲁斯也已经是洛克菲勒的亲信了，所以克拉克一开始就陷入被动。

“500美元!”两边开始喊价，且各不相让。价钱渐渐升到5万美元、7万美元，为了不让价钱抬得过高，洛克菲勒始终面不改色。

“72000美元!”克拉克脸色苍白、无力地喊出了最后的价钱。但洛克菲勒志在必得，“72500美元!”他轻松地报出价码。

洛克菲勒在回忆这个具有决定意义的时刻时曾说过：“这是我平生所作的最重要决定。”

伙伴，在事业中起着至关重要的作用。好的事业伙伴是你强有力的助手；但一个与你貌合神离的伙伴，将可能是你事业的绊脚石。所以，与克拉克分手这一举动，的确是洛克菲勒一个重要决定。

从大封锁中突围

1891年，南方开发公司与铁路大联盟之间签订了运费秘密协定，这是“美国工业史上最残酷的死亡协定”。根据这一协定，石油原产地克利夫兰与匹兹堡之间公定原油运费为每桶0.8美元，但是参加控股公司的炼油企业可获得折扣，为公定价一半，即每桶0.4美元，另外从克利夫兰到美国东海岸各市精炼石油运费为每桶2美元，其中有0.5美元的折扣。洛克菲勒家族是这个协议中最大的股东。

这样，只有参加联盟的企业才可以从中获利，没参加联盟的中小企业必须付出两倍的费用，这将导致许多中小型企业被淘汰。可见这是典型的弱肉强食、强者生存的例子。

铁路大联盟的秘密终于被揭穿了。“铁路公司想弄垮石油原产地吗？”人们议论纷纷，一些中小型企业起来抗争，因为这关系到他们生存的问题。

其中一个年轻企业家站出来了，此人名叫阿基勃特，才24岁，却是一位天才型的领导人。他提出一个对策“大封锁”，同时，他把每桶原油的价格定为4美元。

洛克菲勒要代理人华森特去见他，他豪言大发：“除非炼油业者停止与铁路的秘密协定行为，并承认4美元这个价钱，否则大封锁是不会解除的，我们将坚持到底！没有原油，不论炼油业和铁路大联盟都会束手无策。”

他拒绝了可以加入南方开发公司的提议，回到原产地，组织停止原油的供给，动员所有报纸制造舆论，揭露大联盟的阴谋。

洛克菲勒尚未在南方开发公司之前，就有一个重要战略，即仅允许一家纽约地区的炼油公司参加大联盟，因为美国产品外销欧洲的出口基地是纽约港，洛克菲勒原来想将来只要买下这一企业，便可以借运费大战打败其他企业，独霸纽约港。

遭洛克菲勒排挤在外的那些公司，在纽约也成立了另一个炼油企业联盟，洛克菲勒最大的失算在于，纽约方面的联盟有“左右报纸”的能力。由于纽约各大报的报道，及公众舆论的压力，纽约州成立了特别调查委员会，最后铁路大联盟被迫废除了秘密的运费协定。到这一步，洛克菲勒可以说是一败涂地了，但他会改变原来的设想吗？

洛克菲勒不是一个服输的人，一般人若是被舆论攻击得遍体鳞伤，势必会郁闷烦躁，深感受挫，然而洛克菲勒好像没事一般，仍深深沉醉于他的垄断梦想之中，由于他有常人无法理解的梦想及坚韧不拔的斗志，所以他不会因挫折而告败。在他心中没有任何东西能成为他达到目标的障碍。

由于40天的大封锁，炼油业者被断绝了原油供给，由于油库空虚，银根吃紧，炼油行业为了生存只有向银行申请贷款，而银行早被洛克菲勒收买了，拒绝给炼油业者贷款，因此，中小型炼油企业为了生存不得不投入洛克菲勒的怀抱。

26家克利夫兰炼油企业，只剩下六家影响不大的公司，其余的都被标准石油公司合并了。而在大封锁期间，标准石油公司已通过“夜猫”石油公司获得了25000多桶原油，石油大战结束时，该公司在克利夫兰已达到能精炼1万桶原油的能力。

洛克菲勒在布朗大学演讲时，说过一段名言：“当红色蔷薇含苞待放时，惟有剪除四周的枝叶，才能在日后一枝独秀，绽放成艳丽的花朵。”

通过这次较量，不但没能挫败洛克菲勒的锐气，反而加快了其迈向垄断地位的步伐，这就是洛克菲勒。他总能在别人看似逆境中寻到出路，而且每次突围，都变成一次飞跃和发展，这就是他与普通人的不同之处。

炼就铁的领导手腕

越是接近成功时，越不能掉以轻心。而要巩好领导地位，其中重要的手段就是控制股份和权力集中。洛克菲勒是个高手，当然知道如何控制权威，因为这直接关系着他亲手创建起来的石油帝国的成败。

1882年1月，标准石油合并了全美炼油企业成立了托拉斯。受托委员会利用折扣大联盟和强迫收买等方式，吸收了72家炼油企业股份。委员会有九名成员，洛克菲勒理所当然成为领导人，威廉、佛拉格勒和阿基勃特是其中的主要成员。

受托委员会对以往按个人方式经营的企业进行资产评估，代他们保管其股份及投票权，然后再发给他们信托证书以资证明。洛克菲勒这一帮人控制了委员会，不仅拥有企业联合体，还代管股份，经营更是得心应手。信托证书共发行了70万张，但他们四人却占有46万张，几乎近总数的2/3。

这种垄断结合体，还可以购买其它公司的股份，可以说这是一种彻底的中央集权制，增设一个炼油厂或废除一个炼油厂，这都是他们至高无上的权力。

俄亥俄州最高检查厅厅长大卫·华特森，这时却检举标准石油有违反刚刚通过的《夏曼垄断禁止法》的行为，因为该法令是禁止合同资金及与外国合资等所有形式的跨州联合，经过一番较量后，标准石油公司还是败诉了，洛克菲勒只好下令将总公司搬到纽泽西州。

纽泽西州崇尚独立原则，它向《夏曼垄断禁止法》提出一份修正案，对洛克菲勒十分有利，另外，从地理环境上看，也有利于产品出口销售到欧、亚地区。

洛克菲勒增资100万美元，在纽泽西州设立新的炼油厂，此时标准石油公司，已经拥有1000万美元资金了。

俄亥俄标准石油公司和宾州石油公司曾在石油出口业中占有重要地位，现在却成为炼油厂和地区性的销售公司，而由洛克菲勒掌管的纽约标准石油公司却拥有750万资金，成为海外输出的主要供应点。

纽约标准石油公司后来几经易名，最后定为美孚公司。纽泽西标准石油公司凭1000万资金大显身手，其经营范围扩大到了矿业、制造业、贸易及商业。为了确保股份、债券，使企业活动范围更广，洛克菲勒把资产扩大到1亿美元以上。

这样，标准石油公司成为石油集团龙头老大的地位已是坚不可摧了。

洛克菲勒到了中年以后，食量很小，被戏称为“小鸟的食量”，他每天只吃牛奶和麦片，却不断发胖，且长疙瘩，还有胃病，所以德克达·史托夫医生每星期都必须到位于百老汇26号的豪宅为他治病。

由于神经性胃粘膜炎引起并发症，洛克菲勒只能在家中发号施令，临阵指挥总公司的是阿基勃特。洛克菲勒不仅头发脱落，而且眉毛也开始掉落，使多日未见的亲友对他容貌的改变惊讶不已。为了掩饰光秃秃的头部，他常戴着黑帽子，后来戴上了一种特制的很自然的白色假发。

即使这样，他还是这个石油王国中的实权者、决策者和最高权威，引领标准石油航母继续前进。

猎捕“垄断之狮”

没有称霸的欲望，就永远不会成为行业霸主；没有扩张的意识，就永远不会发展。也正是称霸的欲望和扩张的意识，使洛克菲勒向霸主和扩张的方向稳步前进。

在19与20世纪之交的美国，离石油产地最近的克利夫兰与匹兹堡拥有全国石油产业半数股份，另外50%在东部的纽约、费城等城市的企业中。标准石油公司控制着全国1/5～1/6的石油产业，即使这1/6也够大的了。经济不景气造成全国油产量只有600万桶（合95.3亿公升），光标准石油一家就生产了100万桶（合15.3亿公升）。

当时洛克菲勒的欲望就是要称霸克利夫兰，买下匹兹堡，控制东部，进而控制整个石油行业。

垄断，就意味着打败其他竞争者。洛克菲勒如同富于谋略和胆识的猎手，去猎捕那象征权力与金钱的“垄断之狮”，他的野心漫无止境，立志要创建起自己的帝国。

萨拉托加位于纽约平原上，洛克菲勒在萨拉托加要进行一场阴谋。他把费城、纽约及匹兹堡的主要石油大亨都邀请到他萨拉托加的别墅里，进行秘密商谈。参与会谈人员在共进早餐之后，到别墅的会议室举行会谈，佛拉格勒扮演的是说客角色。他说：“虽然我们在联合计划方面受到一点点挫折，但我们收买克利夫兰产油区的行动已经成功，洛克菲勒先生不想放弃统一联合体的计划……”

佛拉格勒说完开场白后，洛克菲勒那热情而带有威性的声音回响在厅中：“三年前我就控制了克利夫兰的石油界，现在，那里的石油已被南方开发公司垄断，是买是卖，价格也由我定，谁也不会在那儿捞到半点好处！而且，纽约中央铁路及伊利铁路的货物转运权也在我手中，因而纽约也在我控制之下！”

洛克菲勒没有说假话，不到两年时间，资本额100万美元的标准石油公司能买卖70万桶石油了（约10.1亿公升），还可以得到250万美元利润。这一番话引起了在座人士的重视。

洛克菲勒用略带威胁的语气，压低声音继续说：“仅一家标准石油公司就能获得如此巨额的利润，主要因素是什么呢?就是一个城市只有一家石油公司!诸位明白了吧?根据我的情报，各铁路公司已经开始共商对策，准备制定新的公开运输协定，据说不再给予折扣。他们之所以有这样的打算，是由于我们彼此竞争，给他们可乘之机。所以我们石油界要并肩作战，石油业合并之后，便可成为所有运输业的核心，这样不但可以控制全美石油的价格，还可以支配铁路。”

在费城拥有大量炼油厂的洛克哈特首先心动了，他以充满自信的口吻承诺：“匹兹堡及费城附近其余石油业者由我来说服。”

没多久，其他主要石油业者也都一个个被说服了，使得一度受挫的南方开发公司重新焕发生机，此时石油界已完全落入洛克菲勒的手中。

策略与说服，恩威并举，使得洛克菲勒的领导地位进一步得到巩固，从而使他向垄断计划的实施更进一步。

营造政商结合的典范

在美国，政府与商人实质上是两个互相利用的独立体。政治手段制约往往只是表面行为，而最实际的还要是你创造的经济价值。洛克菲勒正是看透了这层只可意会不可言传的奥妙。所以与政府联手可谓技高一筹。

洛克菲勒每年过生日时，都要通过电台向全世界发表讲话并真诚祈祷："上帝保佑标准石油！"在大富翁心中，标准石油永远处于最重要的精神支点。

他的长女贝丝是位牧师，与芝加哥大学的校长史特萨克博士结婚。芝加哥大学是一所教会大学，洛克菲勒起初每年捐款60万美元，23年后，即1910年，捐款则高达4500万美元。

1896年，芝加哥大学校庆时，典礼中礼堂挤满了各界名流，大家热情鼓掌，欢迎"伟大的约翰·D·洛克菲勒"。他从来未受过如此盛大的欢迎，他感动极了，从此开始，他到处巨额捐款。

洛克菲勒做事一丝不苟，一次，他为了打公共电话，向身边秘书借了五分钱，不久就归还了秘书，秘书说："5分钱还用还吗？"

洛克菲勒突然变了脸色："5分钱是一块钱的年利呢！"

他还不准别墅的佣人在劳动节休息。"佣人本来薪水就微薄，放假后还到处乱花钱，那样一点积蓄也不会有的。"洛克菲勒就是这样一个奇特的人。

洛克菲勒之妻罗拉接连生了四个女儿，第五胎才是个男孩。洛克菲勒庞大的产业终于有了继承人，这男孩被命名为约翰·D·洛克菲勒二世。从他幼年起一直到成年——直到他父亲去世为止，大家都叫他"小洛克菲勒"。从"小洛克菲勒"开始，洛克菲勒的家族进入第三代。尼克松在位期间的副总统尼尔逊·A·洛克菲勒就是小洛克菲勒的次子。

1922年，在芝加哥大学担任理事职务的夫瑞多利克·盖兹成为洛克菲勒的财产管理人，处理金融方面的事，设立洛克菲勒基金会。

达瑞斯、拉斯克、基辛格这三位美国国务卿，全是这个财团培养出来的。约翰·洛克菲勒死后，通过这三个人的影响，使得洛克菲勒对美国政治的影响依然存在。

标准石油大举进军欧洲市场的时候，为了对抗标准石油的低价倾销，诺贝尔石油纳入了罗斯查尔财团，他们与荷兰皇家壳牌石油共同结成欧洲石油联盟——西德银行财团。洛克菲勒使出了绝招，他指示威廉、阿基勃特、提古等人采取的战略攻击方法是“用超低价销售，将欧洲财团击溃，标准石油的蓝色标志要如洪水猛兽般无情”。

洪水般的标准石油果然摧毁了欧洲财团，石油的价格在欧洲市场急剧下跌。西德银行周旋其中，达成强制性协议，把欧洲市场销售量比例定为：标准石油75%；欧洲石油联盟20%；其它5%。

如果说，洛克菲勒的石油独霸世界市场，是因为他首先垄断了美国市场之故，那么垄断究竟是罪恶，还是造就“美国强大”的标志?这是历史留给世人思索的有趣课题。但时代环境、政治背景、个人智慧，共同打造了不可一世的洛克菲勒的石油垄断帝国。这本身就是个奇迹。而约翰·洛克菲勒无疑是这个奇迹的缔造者。同样的时代，同样的环境，为什么只有一个洛克菲勒成功了呢？原因只有一个，那就是他比别人要优秀，而这种优秀并非是与生俱来的，它是现实的磨练融入自我智慧而获得的。

第九章

在战争废墟上营造起电器王国

——盛田昭夫

战争给人类造成的伤害是不言而喻的。当时，作为战败国的日本同样在经济、文化等各个领域饱受重创。在日本经济复苏的过程中涌现了很多创业新秀，而最具盛名的应属于盛田昭夫。

盛田昭夫在第二次世界大战战火余烬中与朋友创立的索尼公司“以求新求变，不断推出新产品”为宗旨，凭着个人努力及公司上下员工密切配合，使SONY这个原本默默无闻的名字响彻世界，成了优良品质和信誉的标志。

SONY的“世界首创”产品，包括半导体收音机、家用录影机、随身听、彩色真空管电视机、家用立体音响组合等，都显示了SONY的独特风格，也反映了盛田昭失卓越不凡的领导力与创造力。

但是，所有的成就都不是与生俱来的。没有哪个人天生就有创造成就的资质。盛田昭夫同样也是从一个普通人一步一个脚印地走向成功的。

儿时的梦想，未来的方向

每个人在孩提时代都会有自己的梦想。虽只是理想的雏形，但有的人却真的能从中领悟到自己的奋斗目标，在大多时候，就是这种梦想与行动结合起来，才可能会造就一个奇迹。让我们看一下盛田昭夫儿时的梦想。

盛田昭夫的父亲是一个爱好音乐的人，为了听到最好的音乐，每逢质量好的唱机一上市，他就毫不犹豫地把它买回来，尽管价钱昂贵。这给年幼的盛田昭夫无限的遐想和启迪，陶醉在迷人音乐中的小昭夫，常常有些奇妙的想法：它能把我的声音装进去吗?

上了中学的盛田昭夫继而迷上了电子研究。他购买了大量的电子书籍，还订阅了许多介绍音响技术的杂志，每天放学回家后就一头扎进那些书籍杂志中，贪婪地阅读、琢磨和实践。

他曾按书上的指导，组装出一台粗糙的电动留声机，将自己的声音录了进去。听着留声机放出自己走调的声音，他感到无比的兴奋和愉悦。

上高中时他偏爱物理学，这一科的成绩一直很优秀，受到学校的服部教授的好评。他介绍盛田昭夫去见浅田教授。浅田教授任教于大阪帝大学，他正在从事应用物理研究。他领盛田昭夫参观了他的实验室和他正在研究的项目，并且和盛田昭夫进行了一次详谈。这次会见给盛田昭夫留下了很深的印象，他决心追随这位物理学大师，到大阪帝大学而不是名声更大的东京或名古屋大学读书。

他如愿以偿地考进了大阪帝大学。这所大学拥有日本最新成立的科学系，有最现代化的实验设备，而且教师的年纪普遍不大，都是些朝气蓬勃和富于创新的年轻人。

但盛田昭夫还是常常逃课，他认为教授讲课很乏味，其实只要有教科书和资料就知道他们讲什么了。他利用逃课的时间去浅田教授的实验室，在浅田教授的指点下，不久盛田昭夫就可以帮他做一些研究工作了。浅田教授还常常为报纸写专栏，介绍最新的科学研究和科技发展的情形，当他实在太忙的时候，就由盛田昭夫替他写一些专栏。

这时战争笼罩着日本，全部日本人都被动员去参加战争。盛田昭夫在大二时登记终身服役海军。大学毕业，他被分配到距名古屋不远的海军部队接受为期四个月的军事训练，训练结束后被派往横须贺的光学研究室服务。

不久，盛田昭夫又被派往镰仓南方的一个小镇，作为海军代表与一些来自陆军、民间的专家研究热力导向武器和夜间射击能力。在那里，他遇到了影响他一生，并成为他事业伙伴的井深大先生。

1945年8月15日，天皇裕仁宣布日本无条件投降，战争结束了。这个为了战争而成立的研究小组解散了。井深大回到了东京，盛田昭夫则回到了名古屋。一段时间后，接到了高中老师服部教授的来信。服部教授已转到东京技术学院物理系任教，信中邀请盛田昭夫去他那儿教书。盛田昭夫征求父母同意后，答应了这份工作。

到东京后，他和井深大见面的机会多了，两人常常在一起深谈，成了挚友。此时井深大在瓦砾堆上，树起了东京通信研究所的牌子，带着7名员工开始了他的创业，但财政上总是捉襟见肘。

战后的东京一片破败凄清景象，经济萧条，生意难做。井深大他们先是研制电锅，后来制造短波改装器。盛田昭夫一边教书，一边在井深大的研究所兼职。

1946年3月，两人决定合办一家公司。1946年5月7日，他们成立了东京通信工业公司，成立之初的资本总共500美元。盛田昭夫辞去了教职，全心投入到他们的事业。公司设在御殿山一幢已经荒废的破木屋里，屋顶有好几处漏水，阴雨天就得撑着伞工作。

就是在这片战争的废墟上，盛田昭夫和他的合伙人开始了他们的创业之旅。以500美元起家，所能依靠的只有个人的努力。也正是这500美元和他们的不懈追求，为这个电器王国的日后成功，迈出了坚实的第一步。

像家长一样管理员工

对员工像家长那样严厉，同时又像家长那样慈爱，这就是盛田昭夫另一种与众不同的管理模式。既然像个家族，那么，每个成员就应享受应得的成员待遇，这是盛田昭夫体现个性化管理的准则。

日本是个能源短缺、国土狭窄的岛国，它唯一依靠的就是人。在竞争异常激烈的日本企业界，每个公司都把人的素质看成企业的生命力，而SONY比其它公司更重视自己的职员。

盛田昭夫说："我们的理念在于，人是一切活动之本。索尼唯一可以依靠的只有员工。SONY尊重并鼓励个人才智的发挥，以求人人适才适任……我们相信个人能将潜力发挥到极致，这就是SONY最大的力量。"

公司对新员工的要求极其严格，培训他们一丝不苟的工作态度。盛田昭夫对新员工说过："诚然，我们录用了你们，但是作为一个管理者，或者作为第三者，我们不可能同时也将幸福给予你们，因为幸福应该由自己来创造！"年轻的大学生来到公司，一般都要在生产第一线工作一段时间，熟悉生产的每一道程序。

全公司上下还洋溢着一种互敬互重的气氛。盛田昭夫不但倡导经理们要多接触员工，还身体力行地尽可能与员工一起进餐，闲暇时也与年轻的工程师们在一起海阔天空的谈东论西。他总是尽力去认识员工，拜访每一个部门。

SONY公司也鼓励全体员工为企业提意见和建议，表现出管理上的民主性。因为他们相信，一个人的智慧是有限的，但是众人的智慧加在一起，就是一股巨大的力量。他们让年轻的管理人员不断提出新计划，新想法，即使不被采纳也予以奖励。

有个叫大贺典雄的音乐系大学毕业生，说话时总带着火药味，有强烈的批判意识，但他是一位有才华的青年。在他加入SONY公司之前，曾与盛田

昭夫争论过，盛田昭夫喜欢这个直言无忌的青年，因而成了朋友。

大贺经常以苛刻的语气批评SONY公司。为了把大贺拉入公司，盛田昭夫与夫人良子还一起去争取大贺妻子的支持，请求她帮助说服大贺来公司效力。大贺后来加入SONY，担任专业产品总经理，5年后，也就是他34岁那年，就成了公司董事会的一员，这在因循守旧的公司，简直是前所未闻的事情。

在激烈的商业竞争中，SONY对内部的机密十分谨慎，常常提醒员工不要在公共场所谈论公事。日本人不论是经理还是普通员工，都喜欢在下班后与同事到酒吧共进晚餐，在灌了啤酒、清酒或威士忌后，总是比较爱讲话。

为了防止机密外泄，SONY还建了一个非营利性质的公司酒吧，里面的每一个人，从调酒师、厨师、女服务员到客人，都是SONY的员工，其它任何非SONY公司的人，不管身份地位多么重要，都不得入内。结果除了经济实惠、联络感情、增强内部团结精神外，还防止了公司机密被刺探的可能。

就是这种恩威并举、严慈并用的管理模式，使得SONY的员工真的在这里以家族成员的意识尽全力地奉献自己的全部力量。从某种意义上说，SONY的成功和巩固，与这种管理模式是有着直接关系的。

创新是永恒的卖点

任何的创意都会随时间的推移而黯淡。所以，创新是个永恒的主题，是发展和壮大的必要手段，也是盛田昭夫经营好索尼的基本理念。

1955年，索尼推出日本的第一批小巧玲珑的半导体收音机，而后又生产出更小的口袋型半导体收音机，同时把公司的名字由原来没什么特色的东京通信工业公司更改为索尼公司。SONY是盛田昭夫的造词，响亮而独特。

SONY公司最大的特点就是以新取胜，他们不断创新产品模式，而其它公司则对新产品总是先小心翼翼地观望，等到其产品的市场前景不错时才跟进生产类似产品，而SONY公司这时已经独享市场一年以上。以后其他对手等候跟进的时间虽愈来愈短了，SONY公司总还是能领先几个月，保持绝对优势。

盛田昭夫在他的自传里写道："我们的计划是用新产品来引领大众的消费观念，而不是问他们要什么产品。消费者并不知道什么是可能的，但我们知道，因此我们不去做一大堆市场调查，而是不断修正我们对一个产品及其用途的想法，设法借此引导消费者，与消费者沟通，创造出市场。"这段话体现了SONY的基本精神。

风靡全球的"随身听"就是这种精神的产物之一。一天，井深大提着手提录音机和一副耳机，来到盛田昭夫的办公室。他看起来颇不开心。盛田昭夫问他有什么心事，井深大说他喜欢听音乐，可是又不希望吵到别人，走动时只好提着沉重的录音机，非常辛苦。

井深大的话一下子激发了盛田昭夫的灵感。何不研制一种小型的随身携带的录音机，以满足那些一刻也离不开音乐的年轻人？不久，一台"随身听"的样品造出来了，精致小巧，音效也非常好。

盛田昭夫认定"随身听"一定会风靡起来，但销售人员则认为这种产品

没有销路。面对一片反对声，盛田昭夫还是坚持己见，并说明由自己负担全部责任。

由于“随身听”很符合消费者需要，最初定价不三万元也适合年轻人的购买能力，结果一上市就被抢购一空，供不应求，SONY公司必须以自动化生产来应付大量订单。

“随身听”也刺激了SONY公司的耳机研制，使他们跻身全世界最大耳机制造商之列，在日本也占据了50%的市场。后来，连著名指挥家卡拉扬等音乐大师也订购了“随身听”。

二次大战前的国际市场上，日货的形象非常糟糕，几乎没有什么高品质的产品，欧美人总是把日本与和服、纸伞、玩具等联想在一起。战后日本企业界的一致想法是，要生存就必须向外扩展。SONY也早早把目光瞄准了广大的欧美市场，但他们意识到，公司必须以高质量的创新产品，才能在竞争激烈的欧美市场求得一席之地。

就是这种理念，使得日本的很多产品打入国际市场并赢得口碑。盛田昭夫同样是这个行列的排头兵。创新品牌和树立产品形象，是SONY长期在国际市场赢得盛誉的重要手段。

“作为基础的发明，如果不付诸实用的话，就超不出单纯发明的领域。”这是井深从索尼技术创新的实践中总结出来的。索尼公司将企业内部的技术创新与国家整体的技术进步结合起来，构成其自身行之有效的技术创新机制，成为索尼超速发展的“永久动力”。

到世界市场竞高下

索尼在取得第一阶段的超速发展后，并没有满足于过去的成就，而是不失时机地开拓国际市场，进而推动了索尼的第二次大发展。

1955年2月，在国产第一代电晶体收音机“TR−52”型刚刚试制成功之后，盛田就在手提包里装上几台试用样品，只身赴美推销产品。经过艰苦的工作，他成功地售出上千只麦克风和广播用三用机。为了开辟国外市场，盛田使出了浑身解数，用他在美国各地旅行中亲身了解到的情况，耐心地向美国的经销商做解释。不少人被他说服了，提出了购买收音机的要求。

就这样，索尼公司在它初涉国际市场之时，就抛开了日本厂商在对外贸易中的传统做法，另辟成功的途径，从而展示了索尼的与众不同之处。这也是索尼公司事业拓展的一个重要表现。

后来“TR−63”型电晶体收音机其因音质好、携带方便而成为美国市场的畅销货。电晶体收音机的出口，不仅给公司带来了信誉，也使索尼迈出了走向国际企业的第一步。

接着，盛田提议将东京通讯工业公司更名为索尼公司，充分表明了索尼要成为国际企业的坚定信念。盛田和井深等公司有关人员为了公司的新名称煞费苦心，最后确认采用“SONY”作为公司标志。随着“SONY”标志在日本国外知名度的提高，盛田认为统一公司名称的时机已到。1958年1月，东京通讯工业公司正式更名为索尼股份有限公司。同年12月，公司的股票开始在东京证券交易所上市。

进入80年代之后，索尼在国际市场出售的产品，有一半是在当地工厂生产制造的。这为索尼在企业国际化方面实施全球战略，提供了有利条件和广阔的活动舞台。在这种情况下，索尼加快了其企业国际化的脚步，将外部市场纳入到企业再生产活动的有效营运中。它在国外的公司、企业，不仅对产

品的销售和生产制造，还对整个生产过程都实行了“本地化”的经营和管理，即由当地经营管理者来实施和完成。因而索尼的企业国际化呈现出新的局面。

向美国国际商业机器公司的技术输出是索尼开拓国际市场进军过程中的重要里程碑，是其企业国际化战略的重要举措。使公司不仅在消费者中间进一步赢得了信任和尊敬，而且在日本社会尤其是企业界引起了轰动。

只要你去过索尼公司你就会发现，在索尼公司有许多外国人的足迹。这不仅包括索尼设在各国的销售公司、生产工厂的外籍工人，而且包括许多公司企业的经营管理者。公司之所以这样做，是试图发挥这些当地出身的经营管理者对本国市场、本国文化充分了解的特长，使公司设在各地的分公司和工厂能深深植根于国际化的土壤之中。

索尼在50年代末60年代初开始推行的企业国际化战略，是全方位、多层次展开的。毫无疑问，正是如此速度、如此规模和如此深度的国际化经营的展开，才使索尼在短短十几年中从一个在冒险精神下诞生的小企业，迅速成长为一个强大的跨国企业，使这个诞生在缺少资源，国内市场又相对狭小的国度里的企业，能充分利用国际资源的优势和国际市场这个大舞台，加速自己的发展。

专做别人不做的事

逆向思维往往是企业家获得成功的奥秘。在企业初创时期，大多对其经营的事业十分谨慎，唯恐选错方向而伤了企业的元气。因此，他们一般都选择那些“热门”的、看起来能赚大钱的行业去做。而索尼公司则不然，他们反其道而行之，专做别人不做的事。

索尼作为一个冒险企业，以勇敢的挑战姿态迎接在它初创时期碰到的一个又一个困难，并以开拓者的勇气想方设法加以化解和克服。

在停战之后前往东京调研的路上，索尼创始人之一井深就意识到：“战争中是东芝和三菱等大企业作为军需产业支撑着日本经济，而战后和平时期，作为日本产业界支柱的这些大企业必定复兴，重新开业。和规模如此巨大的企业竞争与抗衡，取胜的希望是很渺茫的。”因此井深决心在避其锋芒的领域内求得生存和发展。东京通讯工业公司在成立之初确定的正式工作——生产电唱机的读音器和马达，就是基于这种想法。因为当时日本大大小小的弱电制造厂家都在全力以赴地竞相生产新型收音机，无人顾及电唱机零件的生产市场。在许多企业的眼里，生产这类产品要以低于成本的价格出手，根本无利可图。索尼却反其道而行，理由是：如果像别的公司一样去生产和制造收音机，无疑会被实力雄厚的企业吞没。而在没有人去做的领域内踏踏实实地努力，一定能开拓出新的道路。结果，踏上这条道路的索尼，为自己赢得了创业之初的宝贵资金。

早在1960年，盛田昭夫亲自筹划在东京银座地区开了一家展示中心，让客户自由挑选新产品，而无需推销人员在旁边费尽口舌。这个办法很好，对人们了解SONY及其产品，起到了广告无法达到的作用。

盛田昭夫把这个经验搬到了海外，先是在纽约繁华的第五街开设了一个展示中心，挂上了日本的太阳旗，后来又在法国巴黎香榭大道等几处设立展示，成为SONY公司的对外窗口，增进了世界与SONY相互的了解。

索尼发展的第一原动力便是“再创业”精神，这种思想已广泛地渗透到公司的各个角落。50年来，索尼公司一直以“从事人们未曾涉足的事业为己任”的精神，持续将先进的科学技术应用于消费类电子产品和工业电子产品的开发，创造了许多“世界第一”和“日本第一”，这其中包括：日本第一台磁带录音机、第一台电晶体收音机、世界第一台电晶体电视机、第一台小型电晶体录影机、第一台小型桌上型电脑、第一台镭射唱机，以及独特的单枪彩色电视机等等。这些创造性的新产品，改变和丰富了人类文化生活的内容，推动了社会文明的发展，在传播资讯和普及教育，在提高生活品质等方面有着巨大的作用。

立志“做别人不做的事”，这在今天的日本企业界已成为人们熟知的索尼信条，是索尼走向成功的重要秘诀。

“舰队式经营”模式

索尼实行的是一种“舰队式经营”模式，即索尼作为旗舰经营自己的专业，生产和销售电子产品。在它的周围是小型远洋舰和驱逐舰，形成多样化经营的舰队，以此提高整个企业集团的战斗力。

多样化经营可以说是索尼尽快摆脱企业成长过程中的阴影，恢复以往的活力与竞争力的有力武器。索尼所涉及的多样化经营领域是非常广泛的。除了影音设备、资讯、机械等专业领域内的产品经营之外，非专业领域的经营，甚至包括化妆品、高级手提包、高尔夫球和网球用品、示波器、干电池、热汽球、喷射式飞机、唱片、出版、乃至人寿保险。

索尼试图通过多样化经营，实现“人才培养的多样化和灵活使用”。如前所述，在索尼的发展过程中聚集了大批优秀的专业人才。这些掌握各种高技术的年轻管理者们，需要有充分发挥其才能的工作场所。如果索尼不能充分发挥他们的能力，来强化周边的卫星企业，简直是对人才的巨大浪费。当时，随着索尼企业规模的不断扩大，也不可避免地出现了企业体制的僵化。为克服这种大企业病，索尼实行了与子公司之间的人事交流制度，促进人才的灵活使用，从而保持企业经营的灵活性。

索尼认为自身的经营多样化并不是无秩序和杂乱无章的。它与周围卫星企业的关系，在经营管理方面是统一的。它的多样化经营是围绕工程技术、经营管理和市场经营三个轴心展开的。实际上从索尼当时拥有的子公司的整体情况来看，它所属的绝大部分子公司都是与电子产品的生产制造以及经营销售相联系。专业领域之外的子公司只有十家，而且这十家公司也并非是一般的进出口商社之类的企业，而是纳入索尼公司国际化战略下与外国资本合资建立的子公司。总之，伴随着索尼的发展以及多样化经营事业的展开，它的子公司数量不断增加。

可见，多样化经营是索尼企业发展的一项基本战略，多样化经营方针的进一步推进，是这一时期索尼化解危机的重要驱动力。

第十章

卖米卖出的“塑胶大王”

——王永庆

“塑胶大王”王永庆在台湾是家喻户晓的人物。由王永庆一手创立的台塑企业集团是台湾实业界的巨头和典范，为台湾经济的腾飞做出了卓越贡献。王永庆是台湾首富，公认的台湾第一经营管理高手，享有“台湾经营之神”的美誉。

王永庆 1917 年出生于台湾台北县的一个贫苦茶农之家。由于家境贫寒，刚刚念完小学，他就到嘉义的米店去做小工。后来他自己开了一家米店，从一斗米赚一分钱做起，努力经营，踏上了他独特的经营道路。

到二战后期，由于他在米行和木材上的苦心经营，王永庆已赚到了 5000 万的家底。不久，在时任台湾“经济安全委员会”负责人尹仲容的扶持下，王永庆进入了日后让他大展宏图的塑胶业。1957 年 3 月，台塑建厂开工，月产量仅 100 吨。

在台塑集团的发展过程中，王永庆显示了他过人的眼界和独特的经营手段。20 世纪 70 年代末期，台塑企业集团的营业额突破了 10 亿美元，在美国德克萨斯州休斯敦修建了全世界最大的 PVC 塑胶工厂。1981 年和 1982 年，王永庆花费数千万美元在美国买断了 10 个与塑胶相关的工厂。到了 20 世纪

80 年代中期，台塑已成为全世界最大的 PVC 粉制造商。由于王永庆独特的管理，台塑产品的价格始终保持着优势，从而在全球 PVC 行业保持领先。

跨入 21 世纪的台塑集团，除了在塑胶产业上继续保持在全球领先地位以外，其经营范围还涉及到石化、水泥、电子、教育等诸多领域，已然成为一架综合性经济航母。

员工管理的两大法宝

台塑集团取得如此辉煌的成就，是与王永庆的善于用人分不开的。他从多年的经营管理实践中，创造了一套科学用人之道，其中最为著名的是“压力管理”和“奖励管理”两大法宝。

王永庆始终坚信“人无压力不进步，井无压力不出油”的道理，他一贯认为承受适度的压力，甚至主动迎接挑战，更能充分表现一个人的生命力。王永庆深刻地研究了这一问题，并把它用于企业管理中，创立了“压力管理”的方法。压力管理，顾名思义，就是在人为压力逼迫下的管理。具体地说，就是人为地造成企业整体的压迫感和让台塑的所有从业人员的压迫感。台塑企业人员包括新进员工从上而下自始至终都在承受着压力。

首先是企业发展的压力。随着时间的推移，台塑企业的规模是越来越大，生产PVC塑胶粉粒的原料来源将是一个越来越严峻的问题。尽管台塑在美国有14家大工厂，但美国的尖端科技与电脑是领先世界各国的。台塑与这样的对手竞争，压力是十分巨大的。他们必须去开辟更多的原料基地，企业才会出现第二个春天。这既是企业的压力，也是王永庆的压力。

再说全体员工的压力。对台塑稍有了解的人都知道，台塑的主管人员最怕“午餐汇报”。王永庆每天中午都在公司里吃工作餐，用餐后便在会议室里召见各事业单位的主管，先听他们的报告，然后会提出很多犀利而又细节的问题追问他们。主管人员为应付这个“午餐汇报”，每周工作时间不少于70小时，他们必须对自己所管辖部门的大事小事十分清楚，对出现的问题得作认真细致的分析研究，才能够通过“午餐汇报”。由于压力太大，工作紧张，台塑的很多主管人员都患有胃病，医生们戏称是午餐汇报导致的“台塑后遗症”。

王永庆呢？他每周的工作时间在100小时以上。由于他寻根究底，而且记忆力惊人，整个庞大的台塑都在他的掌握之中，他对企业运作的每一个环节

也都了如指掌。他每天坚持锻炼，尽管年逾古稀，但身体状况仍然很好，精力十分充沛。

随着企业规模的扩大，要维持庞大机构的正常运转，单靠一个人的管理是不够的，必须依靠组织的力量来推动。台塑在1968年就成立了专业管理机构，具体包括总经理室及采购部、财政部、营建部、法律事务室、秘书室、电脑处。总经理室下设营业、生产、财务、人事、资材、工程、经营分析、电脑等8个组。这如同一个金刚石的分子结构，只要自顶端施加一种压力，自上而下的各个层次便都会产生压迫感。

说到这里，自然会有人产生这样的疑问：台塑的压力这样大，要求得如此苛刻，为什么会有那么多人为它效力呢?这便是王永庆的“奖励管理”方式使然。

王永庆对员工的要求虽近苛刻，但对部属的奖励也极为慷慨。台塑的激励方式有两类。一类是物质的，即金钱；一类是精神的。

有关台塑的金钱奖励以年终奖金与改善奖金最有名。王永庆私下发给管理人员的奖金称为“另一包”(因为是公开奖金之外的奖金)。这个“另一包”又分为两种：一种是台塑内部通称的黑包；另一种是给特殊有功人员的杠上开包。1986年黑包发放的情形是：课长、专员级新台币10万～20万；处长高专级20万～30万；经理级100万。另外还给予特殊有功人员200万—400万的杠上开包。走红的经理们每年薪水加红利可达四五百万元，少的也有七八十万元。此外还设有成果奖金。对于一般职员，则采取“创造利润，分享员工”的做法。员工们都知道自己的努力能得到相应的回报，因此他们都拼命地工作。台塑的绩效奖金制度造成了1 + 1=3的效果。

如果说，王永庆的“压力管理”对员工们起的作用是一“推”的话，那么，他的“奖励管理”便是一“拉”。这一推一拉之间，拿捏得恰到好处，便对员工们产生了双重的动力。

注重细节，做好服务

彼得·德鲁克说过："行之有效的创新，在一开始可能并不起眼。"王永庆正是从不起眼的小事开始将事业越做越大的。

王永庆15岁小学毕业后，进了一家小米店做学徒。第二年，他用父亲借来的200元钱做本钱，在一个很偏僻的地方自己开了一家小米店。为了和其他大米店竞争，王永庆颇费了一番心思。

当时大米加工技术比较落后，出售的大米里混杂着米糠、沙粒、小石头等，买卖双方都是见怪不怪。王永庆则多了一个心眼，每次卖米前都把米里的杂物拣干净，这一额外的服务深受顾客欢迎。

王永庆卖米一般是送米上门，他在一个本子上详细记录了顾客家有多少人、一个月吃多少米、何时发薪等情况。估算着顾客的米该吃完了，就送米上门；等到顾客发薪的日子，再上门收取米款。

他给顾客送米时，并不是送到就算了；他先帮人家将米倒进米缸里，如果米缸里还有米，他就将旧米倒出来，将米缸刷干净，然后将新米倒进去，将旧米放在上层。这样，米就不会因存放过久而变质。他这个小小的举动令不少顾客深受感动，铁了心专买他的米。

就这样，他的生意越来越好。从这家小米店起步，王永庆最终成为今日台湾工业界的"龙头老大"。

事业发展壮大后，王永庆在管理企业时，也非常关注每一个细节。当时美国式管理在全世界得到推崇，有不少朋友劝他学一学美国式的管理，抛开细节只管大政策。王永庆回答说："大的政策已经非常明确，无须过多研究，我们更应该注意点点滴滴的管理，比如操作人员的手艺、操作方法、工作环境等等。道理虽然很简单，但是如果我们坚持做好细节，就能大大提升生产效率。"

王永庆认为，正是自己对于细微之处的了解，才使他的企业真正提高了管理的水准。后来，他谈到开米店的经历时，不无感慨地说：“虽然当时谈不上什么管理知识，但是为了服务顾客做好生意，就认为有必要掌握顾客需要，没有想到，由此追求实际需要的一点小小构想，竟能作为事业起步的基础，逐渐扩充演变成为事业管理的逻辑。”

由此我们更可以看出细节的价值。顾客从其他米店也可以买到米，但从王永庆的米店里买米，会感觉自己的所得是超于产品价值的，这超出的价值便是服务。令人感动的服务决不仅仅是微笑能做到的，它融合在每一个工作的细节里。如果去衡量的话，衡量的标准便是：你是否在与顾客交往的每一个环节上都细心地为顾客的方便与利益着想了？在如今技术高度发展、产品趋同的形势中，一个企业如果想存活并发展，就一定要有超越产品的让顾客愿意捧场的理由。**只有乐于把方便给予他人，把利益给予他人，把温暖给予他人，把服务给予他人，才能塑造出企业独特的魅力，赢得顾客心。**

低成本，高利润

从开米店到铸就台塑现在的辉煌，王永庆始终将“低成本，高利润”作为经营台塑的六字方针。他曾经在公开演讲中多次强调，经营企业必须牢记“物美价廉”这四个字。但产品的价格要低廉，就必须要降低成本，而降低成本正是王永庆的看家本领。

1982年11月，王永庆以1950万美元买下美国JM塑胶管公司，该公司在全美设有8个PVC下游工厂，但由于当时经营不善，JM塑胶管公司一年之间亏损1400万美元。

王永庆接手之后，立刻运用台塑模式的管理方法对公司加以整顿，努力降低成本，提高生产效率。到1984年，公司扭亏为盈，创造利润600万美元。

这家公司下属8个工厂原来要雇用1200多人，到1984年10月已减至800多人，而产量方面却增加了50%。台塑接管这家公司时，每个生产工人的平均产量是12吨，到1984年底则增加到30吨。仅仅两年的时间，生产量提高了2.5倍，真是一个奇迹。

王永庆降低成本几乎达到了“绝无下限”的地步，这一点让他的竞争对手甚至合作伙伴都为此感到头疼。

1981年，王永庆为了节省PVC原料的运费，决定成立了一支船队，直接从美国和加拿大运回PVC原料二氯乙烷(EDC)，所以需要采购一批化学运输船。

章永宁是当时中船公司的董事长，他意识到如果能够争取到闻名国际的台塑的订单，那就证明中船具有承造要求极其严格的化学船的能力。于是，章永宁与其他九家知名的造船公司展开了激烈的竞争。在十家公司竞标时，中船并非最低标价，但是在议价时，中船为了取得订单，一再忍痛降价。双方讨价还价，眼看就要成交，最后王永庆还是提出中船能将价格的零头——50

万美元去掉。

章永宁听后欲哭无泪，中船经过几个月的千辛万苦，价格已经到了赔本的地步，王永庆还要压价，于是悲愤交加地说："王董事长，我们还是好朋友，这笔生意我不做了。"没想到王永庆感动之余，还是把造船的订单下给了中船。

台塑船队开航之后，原来每吨100美元的运费，很快降到40美元左右。如果一年以运20万吨计算，等于节省了1200万美元，大约是一艘化学船造价的三分之二。由于船期与运费都很稳定，台塑从此不再为原料担心。

对于降低成本，许多人认为王永庆一味追求利润，惟利是图。事实上，王永庆努力追求的是生产的合理化，努力发掘资源的价值，尽可能减少无谓的浪费，一切惟效率是图。

20世纪80年代初期，王永庆发起简化表格运动。原有在公司运营中要用到的7000多张表格，通过无数次的讨论，在王永庆不断追问每张表格的用途与流程之后，砍掉了一大半，不但降低了公司运营成本，而且大大提升了工作效率。

台塑高雄厂的裂解炉原来的燃料是柴油，为了节约能源，经过研究，决定改用重油，结果两个氯乙烯厂(VCM)一个月就省下了上千万台币的燃料费。

在台塑，类似这样的事例多不胜数。难怪王永庆要说："过去台塑集团的总利润中95%来自永无止境的降低成本。如果没有这些改善，许多事业部可能要亏损。"

王永庆也把一系列的方法用于台塑企业内的诸项管理工作中，大大地提高了公司的效率和利润。

追根究底的溯源方法

王永庆曾说："经营管理、成本分析要追根究底，一直分析到最后一点。我们台塑就靠这一点吃饭。"王永庆的经营管理讲究追根究底，被他看到的问题，不到水落石出，绝不罢休。

其实，所谓的"追根究底"，就是在日本流行了几十年的"溯源方法"——凡遇到问题或发生异常都要加以深入分析，并且追究问题的本源，就好像河流的流水混浊了，要找到原因，就必须溯流而上，一直追到河川的源头处，才能发现问题所在，所以叫做"溯源方法"。

王永庆说："所谓'追根究底'也好，'溯源方法'也好，本质就是处事的真理原则。只要肯花心思把事情做好，自然就能深入探讨出事务的本源，这是做事的不二法门。在日本也好，在世界其他各地也好，道理是一样的。"

上个世纪70年代初期，台塑企业生产一吨纤维所用的蒸汽从100单位一直降到现在的35单位，即原来的1／3。因此，即便大环境极其萧条，台塑仍可因节约能源而维持微薄利润。他们是怎么做到这一点呢?原来王永庆通过"溯源方法"观察发现，工厂室温过高，影响操作人员的工作情绪与效率，而其原因是蒸气管道及干燥机的保温材质欠佳所致。后来经过技术改造，不但有效解决了热能的浪费，而且还改善了工作环境。原来全部排放掉的4℃-80℃的废气，回收后用加压法把温度升到150℃，再加以利用。这样就为台塑节省了一大笔成本费。

王永庆把追根究底的精神带到了有名的台塑公司的"午餐汇报"上。

为了了解情况，考验部门主管的能力，王永庆定期安排午餐汇报，每一个单位主管都有至少参与一次。通常只要王永庆在台湾，几乎每天中午都要进行这种吃便饭式的午餐汇报。汇报通常以各单位经营状况或是遇到的管理难题为主。轮到报告的单位，在一个月以前，总管理处就会通知他们做准备，

然后拟定报告的主题和议程。相关制度的建立、投资或经营改善提案，也常在午餐汇报中讨论。

一般情况下，午餐汇报都由王永庆亲自主持，气氛严肃。会中王永庆一听到有疑问的地方，立刻将报表折角，待告一段落时，他会以惯有的追根究底方式不断发问，如果准备不充分，随时会被问倒。因此，在汇报中报告的部门主管无不战战兢兢，唯恐准备不周，当场出丑。

台塑集团企业管理上的难题就是经由这样一个令主管们提心吊胆的“午餐汇报”解决了。王永庆“追根究底”的管理方法，无论在内部还是外部，都起到了奇效。

不重学历重学力

台塑用人的方式和日本索尼公司的传统一样。王永庆和盛田昭夫都不看重学历，更看重学力——经验与实力。王永庆说："钱是没有用的，人家随时可以从你的手中抢走。唯有无尽的力量才是成功的保证，因为，无论如何力量是人家抢不走的，培养自己的力量才是最重要的。"

很多大学毕业生拿了学士以上学位后，读了一些管理方面的书，就以为可以到企业界"指点江山"了。殊不知一旦理论与实践脱了节，理论就将成为无用之物。那么，实力从何而来呢?实力是从实际经验中得来的。王永庆说："我是一个没有受过正式经济教育的人，可以说全凭经验。"

为了强调经验的重要性，王永庆曾经在一所学校的毕业典礼上讲过这样一段话："本校的毕业生大都想进修深造，很多学生考进技术学院，我听了很高兴。不过我认为进入技术学院也好，开始工作也好，都是自由的选择，但重要的是以后在工厂工作必须依靠实际经验。在美国，公司主管已经比大学、研究所的人多磨练了四五年、七八年。他们的经验相当丰富，每个人在自己的工作范围，都有单独作战的能力。由此可见，我们以后如果想在工业界求发展，还是工厂实际经验有用。"

通常企业的新进人员在工作岗位上待一段时间，便会对工作感到厌倦和失望。要避免产生这种情绪，必须从端正工作态度上着手。台塑勉励新进人员不挑剔工作，为了丰富自己的经验，任何低下的基层工作都应该去做。从基层做起，获得最宝贵的经验，成功的机会就愈大。

台塑公司的管理人员很少有留洋背景的，几乎全是台湾本地的大学毕业生，但是他们在台塑都有十年以上的工作经验，他们都清楚地知道"经验比理论重要"。他们从基层一步一步踏实地升上来，在经营管理方面，都有丰富的经验。

根据台塑的规矩，新招聘的员工首先必须接受为期3天的岗前训练，然后还要进行6个月的轮班训练。大专院校的毕业生，不论专业和工种，更不论他有什么背景，一律要参加轮班训练。在6个月的训练期间，他们将被派到台湾省的彰化、宜兰、高雄等厂区，直接到生产第一线，参与轮班的生产作业。

在轮班训练的过程中，受训人员除了参加生产工作，其他的工作比如押运产品、搬运原料、保养机器等都要去做，而且也必须和正式员工一样，轮着上日班、夜班。轮班训练非常辛苦，训练的目的就在于锻炼新进员工吃苦耐劳的精神，磨练他们的意志与耐力，端正他们的工作态度。在轮班训练的同时，公司也配合各种项目研究，借此了解每个人的特点和潜力。对于少数拒绝轮班训练，或是受不了轮班工作苦的员工，即使他们在校成绩名列前茅，台塑也一律不会聘用。

王永庆曾对参加轮班训练的学员说："必须有精神意志的支持，方能吃苦而不以为苦，耐劳而不以为劳。"新员工经过6个月实务性的工作，以往在课本中所学到的理论性东西，都能在实际工作中得到运用，在做项目时已能针对问题提出具体建议了。

第十一章

5000美元开创希尔顿王朝的旅馆之王
——唐拉德·希尔顿

在世界酒店业中五星级的王者一定是唐拉德·希尔顿。短短数十年，希尔顿从5000美元起家，从一家酒店扩展到一百多家，遍布全美各处以及世界其他著名城市，真能够称得上是旅馆之王。

唐拉德·希尔顿（1887—1979）是曾控制美国经济的十大财阀之一，举世闻名的旅店大王。他于1887年出生在美国新墨西哥州一个名叫圣安东尼奥的小镇上，他那笃信宗教善良的母亲和为人诚实勤恳的父亲，对他的成长和日后的成功影响很大。希尔顿少年时代便边读书边在父亲的店里工作，养成了勤勉和善于经营的本领。第一次世界大战期间，希尔顿应征入伍，赴欧作战。

1918年，希尔顿退伍返乡，看到旅馆家家爆满，生意兴隆，希尔顿觉得开家旅馆是件有利可图的好买卖。希尔顿凭着顽强的毅力和能力使企业飞速发展，希尔顿酒店陆续分布于美国各州各地。

1949年，希尔顿买下了纽约著名的华尔道夫大旅馆，由此成为希尔顿王国中的一颗明珠。这一仗使希尔顿功成名就，事后希尔顿说："收买华尔道夫，是我生命的转折点！"

1954年，希尔顿又千方百计地买下了美国著名的"斯塔特拉旅馆"的

全部十家分店，实现了称霸国内的雄心壮志。

此后，希尔顿把重点转向了国外，先后买下了英国、日本等地的著名旅馆。时至今日，希尔顿的资产已从刚开始的5000美元发展到数百亿美元，他的酒店也已遍布世界五大洲的各大城市，成为全球最知名的饭店集团之首。

坦诚、信任的用人之道

希尔顿以5000美元起家，经过艰苦奋斗，历尽磨难，终于把旅馆开遍美国及世界各地，成为世界闻名的旅店大王和亿万富翁。他的成功，在一定程度上应归功于他那独特的用人之道和管理风格。

小希尔顿开始上学以后，就开始在父亲的店内做助理店员，并按月发薪水。17岁这年，小希尔顿告诉父亲："爸爸，我不想再去学校读书了，我想学做生意。"

父亲同意了，并说："好吧，我想你已经够格当一名正式职员了，月薪25块钱，那么开始干吧！"

于是，他跟着父亲学着做生意，也学着做人。父亲的忠诚、坦率和与人为善的做人风格感染着他，使他日趋成熟。在希尔顿21岁那年，父亲终于把圣·安东尼奥店交给他打理，同时转让了部分股权给他。在此后的两年里，他学着处理各种各样的业务，学习如何与人打交道，如何讨价还价，如何与各行业有经验的老顾客交易，以及如何在重要场合保持冷静平和。这些都是必要的训练和宝贵的经历，正是这些锻炼和经验，促成了他日后的成功。

然而，在这段时期中有一件事让希尔顿非常恼火，这就是父亲的经常干预。父亲总是不能完全信任他，一方面是因为父亲总觉得他还太年轻，另一方面也许是因为事业尚未稳固，经不起因儿子失误而导致的重大损失。也许是因为希尔顿21岁那年亲身体验了处处受制约之苦，所以当他日后有权任命他人时，总是慎重地选拔人才，但只要一下决定，就给予其全权，他只是在一旁观察他的选择是对是错。这样，被选中的人也有机会大展拳脚，充分发挥自己的才能。

作为一个庞大的"王国"的所有者，希尔顿把重用有才干的年轻人和注重旅店信誉作为他管理酒店的成功经验。在他的"旅馆王国"中有大约三万多名工作人员，其中多数管理人员都是从基层人员中选拔出来的。希尔顿对于选拔出来的管理人员委以重任，让他们在自己的职权范围内各施所长。对于员工的错误，希尔顿根据不同情况区别对待。若是有人犯了错误，他总是把那个人叫到房间里，先安慰几句，然后指出错误的原因和改正的方法，鼓励他们好好干。希尔顿的处事原则：是让属下的员工都对他信赖、忠诚，对工作兢兢业业，认真负责。

正是由于希尔顿对下属的信任、尊重和宽容，使得公司上下充满了和谐的气氛，创造了一种轻松愉快的工作环境，从而使得希尔顿获得其经营管理中的两件法宝——团队精神和微笑。希尔顿在一战期间赴欧作战的经历，使他深刻地认识到团队精神对一个组织的重要性。当有人后来问他，为什么要在旅馆经营中倡导团队精神时，他回答道："我是在当兵的时候学到的，团队精神就是荣誉感和使命感。单靠薪水是不能提高店员热情的。"

不论是在创业阶段与合伙人之间，还是在企业经营与职工之间，希尔顿总是坦诚相待，发扬团队精神，把所有的人拧成一股绳。事实证明，这种精神对于希尔顿的事业非常重要。不论是"达拉斯希尔顿"建造过程中的资金短缺，还是大萧条时期的困境，希尔顿得以渡过各种难关，团队精神发挥了重要的作用。希尔顿一切的基础，就是希尔顿坦诚、信任的用人之道。

你今天对顾客微笑了吗？

企业礼仪代表着企业的精神风貌。企业礼仪往往形成于传统与习俗，展现企业的经营理念。它包括企业的待客礼仪、经营作风、员工风度、环境布置风格以及内部的资讯沟通方式等内容，赋予企业浓厚的人情味，对培育企业精神和塑造企业形象有着潜移默化的作用。

希尔顿的母亲玛莉在希尔顿创业时就告诫他："除了对顾客诚实之外，还要想办法使每一个住过希尔顿旅馆的人还想再来住，你要想出一种简单、容易、不花本钱而行之有效的办法去吸引顾客。这样你的旅馆才有前途。"

母亲的话听得希尔顿一头雾水，究竟什么办法才具备母亲所指出的"简单、容易、不花本钱、行之有效"这四大条件呢？他反复考虑，还亲自去逛商店，串旅馆，以一个普通旅客和顾客的身份去亲自体验感受。

工夫不负有心人。半年后，他走遍了数千家商店和旅馆，终于找到了答案：微笑。只有"微笑"才完全符合母亲提出的四大条件。于是，希尔顿实行了以微笑服务体现出和气生财的经营策略。

正是有希尔顿母亲的提醒，才有了后来希尔顿的辉煌。希尔顿的微笑正是那种"简单、容易、不花本钱而行之有效"的吸引顾客的办法，它使希尔顿走上了一条成功之路。

"最低的消费，最高的服务"是希尔顿给他的酒店王国制定的经营宗旨。他非常注重社交礼仪和改善服务：他的玛布雷饭店经过重新装修开张后，忽然一个女顾客向他提出抗议，她说厕所门上写"女人"而不写"女士"是对她的侮辱。希尔顿听了之后才恍然大悟，并连连向她道歉，随即派人把"女人"改为"女士"，还把男厕所的"男人"改为"男士"。希尔顿的经营思想由此便可见一斑。

每到一家旅馆召集全体员工开会时，希尔顿都要问："现在我们的旅馆已新添了第一流的设备，你认为还必须配合哪些第一流的东西使客人更喜欢呢?”员工回答之后，希尔顿笑着摇了摇头说：“请你们想一想，如果旅馆里只有第一流的设备而没有第一流服务员的微笑，那些旅客会认为我们给予了他们全部最喜欢的东西吗?如果没有服务员的美好微笑，就好比花园里缺少了春天的阳光和春风。假如我是旅客，我宁可住进虽然只有破旧地毯，却处处见到微笑的旅馆，也不愿走进只有一流设备而不见微笑的地方。”服务员们听了恍然大悟，深深佩服希尔顿的高明见解。当希尔顿坐专机来到某一国境内的希尔顿旅馆视察时，服务人员就会立即想到一件事，那就是他们的老板可能随时会来到自己面前问：“你今天对客人微笑了没有?”

微笑服务，让顾客有“宾至如归”的感觉，是支撑着希尔顿这座酒店帝国的无形支柱。希尔顿以最“便宜”而又最珍贵的微笑赢得了顾客。

时至今日，一句“你今天对顾客微笑了吗?”成为了著名企业家希尔顿经典名言。希尔顿每天至少与一家希尔顿旅馆的服务人员接触，经常从地球的这一端飞到地球的另一端，来来往往，乐此不疲，视察他在那儿开设的希尔顿旅馆，了解情况。但是他对各级服务人员问得最多的还是这句：“你今天对顾客微笑了吗?”

旅馆赚钱的最有效途径

讲究效率和实际是管理科学的基本点。勇敢地向前开拓，就会发现，效率和实际已被淹没在时间的海洋里，正如希尔顿所说，找到科学的支点，你就会成功。否则，你只有失败。

从一开始就把旅馆业当作一种企业经营，恐怕是希尔顿有别于其它酒店做法的成功秘诀。他把经营旅店业务称作是“挖掘黄金”，也就是说要使旅店的土地面积和空间产生最大经济效益，使每寸土地都长出“黄金”来。

因为旅馆总要开在繁华地带，人流多客人也会多。但繁华地带的空间都是有限的。能在有限的空间创造出无限的效益，更是希尔顿独到的经营理念。这个理念的中心，就是充分利用所有能利用的空间。

席斯可的摩比莱旅馆是希尔顿的重要起点，它为希尔顿和合伙人屈吕安提供了一个理想的试验场所，从对它的经营过程中，得出很多经营旅馆的宝贵经验。在摩比莱，希尔顿得到经营旅馆的重要原则——充分地利用空间。这一原则是他在睡梦中得到的启示，惊醒后他立即推醒了熟睡的屈吕安，激动地说：“我们浪费了太多的旅馆空间。”

他把屈吕安拉到客厅里，被吵醒的店员愕然地望着他们。“柜台太长了，可以撤掉一半，餐厅里也可以加放20张床铺。”

“那你的意思是叫客人吃在床铺上，睡在柜台里？”屈吕安还没理解他的意思。

屈吕安又去睡觉了，他却仍旧察看着大厅。第二天，他就叫木匠把餐厅隔成了只够容纳一张床和一张桌子的小房间，然后又把大厅的柜台截成一半，剩下的空间做成一个卖香烟、报纸的摊位，还把大厅的一角腾出来开一个小小的杂货铺。几周以后，这些措施就为旅馆增加了一笔可观的收入。

希尔顿把这称之为“装箱技巧”，如果你要充分利用一个箱子，你就得把

它井井有条地塞满。当然充分利用空间不能让人觉得拥挤，为此就要把空间分割成若干小块，希尔顿把充分利用空间，当作旅馆赚钱的最有效途径。

希尔顿渐渐地迷上了经营旅馆这一行业，这成了他唯一的事业志向。他把旅馆比作自己的情人，着力发掘其内在美——即赚钱的潜能。在后来的五年里，他在德州一连收购了三家旧旅馆，由于它们所处良好的地理位置，很快的便为投资者（包括他自己）赚回了本钱。他在金融界的信誉由此确立了，而且不断扩大。

希尔顿的饭店不单是靠招徕旅客赚钱的，在任何可以利用的机会下，还会做不动产的交易，以随时扩充资本。由于这个转变而获得成功的希尔顿，对自己的企业有了信心，同时知道了饭店经营要与时代并进的道理，因此产生了新的经营哲学。

希尔顿在酒店经营管理上表现出的卓越的经营管理能力中，确实有些与生俱来的“天赋”。他大张旗鼓地进军海外的雄心源于他的资本运用理论和实践的能力，并构成向外拓展的战略，一路夺取胜利，使他的事业越来越大。

摘取旅馆王国的皇冠

俗话说，“天时地利人和”。商场如战场，地理位置的优劣在很大程度上也影响企业、商家的发展成败。如何利用地理位置的优势，与如何运用有利的历史时机一样重要，都是企业或商家借势生财必须谨慎对待的关键问题。地利对于饭店业的兴衰更是事关重大。

据说，希尔顿在英国建筑伦敦希尔顿大饭店时，有意把建址选在英国女王所居的白金汉宫的附近，从饭店的楼上，可以眺望到白金汉宫的庭院。虽然这样做引起了英国朝野的强烈反对。但是，希尔顿仍然坚持建立了这座饭店。后来事实证明，他满足了美国人的好奇心，让美国人既可以眺望英国王宫庭院的房间，同时又享受美国式的住宿条件，生意怎么可能不兴旺呢?

希尔顿晚年回忆往事的时候，曾经非常得意地认为，自己做得最漂亮的一笔生意就是收购了当时有旅馆王国皇冠之称的华尔道夫大饭店，在得到地段最好档次最高的旅馆的同时，还使自己名闻天下。

纽约的华尔道夫大饭店，高43层。当时，这家饭店在世界上是最著名的，在这里住过的有国王、女王、国家元首、王子、主教等世界各国要人。希尔顿早就发誓：一定要把这家饭店买过来。

1943年的春天，希尔顿来到纽约，开始接触华尔道夫，并买下了“罗斯福”旅馆。为了华尔道夫，他以罗斯福旅馆为试验地，练习经营，为得到华尔道夫做准备。

当时正是第二次世界大战的时期，旅馆业死气沉沉，看起来一片萧条。然而，希尔顿却有独到的看法，他认为随着盟军的节节胜利，战争很快就会结束。到那时，随着经济的好转，人们一定会再度热衷于旅游。于是，希尔顿开始有计划地购买华尔道夫的股票，由于当时经济形势的缘故，他仅以每股0.45美元的价格就收购了大批股票，花了22500美元。后来，这些股票上涨到了85美元，希尔顿从这一战中获利五十万美元。这一战也使整个华尔街的人都为之瞩目，一时使希尔顿名声大噪，大家也都知道了希尔顿要做旅馆大王的雄心壮志。

希尔顿深知华尔道夫对他的重要性，只有拥有了它，才能够称得上真正的“旅馆大王”。华尔道夫几乎成了希尔顿最大的目标和动力，它支持着希尔顿不断奋力向前。从希尔顿31岁踏进旅店业以来，他从不以老板自居，从一开始便把经营旅馆当作一种企业经营。因此，希尔顿的旅馆不仅靠招徕旅客赚钱，并且只要有机会，便会做一些不动产交易或投资，以随时扩充资本。

1946年，希尔顿已经拥有了多家旅馆，而且都有非常不错的营业额。在这年5月份，他把这些酒店统一起来，建立了希尔顿集团公司。以此同时，希尔顿的旅馆业务也开始走向国外，成立了希尔顿国际旅馆公司，正式开展国际业务。希尔顿在波多黎各圣璜市建起了“加勒比希尔顿”。随后又到欧洲旅行，考察那儿的情况和需要。当在马德里看上了一家私人投资的旅馆之后，派他的助手继续在欧洲考察和寻找合适的地点建造旅馆，他自己则返回纽约继续追求“华尔道夫”。

1947年，希尔顿集团公司在纽约证券交易所上市，开始公开募集资金，这使得希尔顿有了足够财力收购华尔道夫大饭店。

1949年10月12日，希尔顿终于买下了号称为“旅馆之王”的纽约华尔道夫旅馆，给自己戴上了王国旅馆的皇冠。在收购这家当时号称世界最高的旅馆时，希尔顿激动万分。这家大饭店在世界上赫赫有名，在这儿住过的有国王、女王、国家元首、王子、主教等等世界各国的重要人物，难怪希尔顿提起这件往事，便会说：“收购华尔道夫，是我生命中的一个转折点！”在收购成功的当天晚上，可能是希尔顿一生中最美好的夜晚。那一晚，希尔顿站在华尔道夫前，仰望着耸入云霄的大楼，沉浸于自我陶醉之中，甚至不知东方已经发白。经过十八年的不懈努力，希尔顿终于成了世界旅馆之王。

华尔道夫所处的地理位置和它的名气使希尔顿久久难以忘怀，这次收购使希尔顿饭店的名声传遍国内外，为企业带来了巨大的经济收入和名誉声望。

波及全世界的"希尔顿冲击"

希尔顿是一位典型的美国人，非常明朗有个性。争强好胜和敢于冒险是希尔顿最明显的特点。他年轻时曾用过一张这样的名片："唐拉德·N·希尔顿，爱情介绍人。本人的爱情、接吻以及热烈的拥抱，是无人能及的。"这种名片让人无不感到惊讶，可以毫不夸张地说，这就是希尔顿的本性。老年时他喜欢跳舞，但舞伴只限于"年轻美丽的淑女"。他常说："我已80多岁了，但仍然具有充沛的精力，因为我始终站在时代的最前端！"

1963年7月，在纽约兴建的第33家希尔顿大饭店落成典礼上，希尔顿宣布："到此为止，暂时不再在国内建造饭店了"，这时他预见到美国国内的饭店即将达到饱和状态，再经营大饭店已经无多大利润可图了。因为饭店业界的所谓住房率，已走向下坡。例如，1946年的空房，仅占7%。然而，到了1962年，竟有38%的客房空着没有人住。作为一个经营者，希尔顿怎能让资本平白地浪费呢?因此，向国外寻找出路，使资本充分发挥作用成了希尔顿发展旅馆的新思路。

希尔顿看到中产阶级逐渐富起来，他们热衷于国外旅游。而且他们经过多年的辛苦工作，也储蓄了大笔旅游的费用，迫切想出去旅游观光。希尔顿针对这一群体的消费需求，在国外的主要城市，建起了一批美国式豪华饭店，以满足他们想享受一下上流社会生活的虚荣心。他们只要住进希尔顿饭店，就可以体验到上流社会的享受。敏锐地把握着这些人的消费心理是希尔顿所具备的商业天才。所以他早在1948年，便着手布置海外饭店网，其目的就是想吸引这群新顾客。为了配合这个战略，他甚至订下了饭店之间便利旅客来往的航空路线。当国内的旅馆业经营者在苦苦挣扎的时候，希尔顿已经在国外大力拓展新的空间了。

希尔顿不仅好胜，而且敢于冒险。为了使企业更好地扩展业务，他引发过多次事端。1967年，日本东京公司的三岛社长怒发冲冠地疾呼："为了日本的国家利益，我们不惜硬干到底！"这是在当时发生所谓东京希尔顿大饭店事件时三岛的态度。东京希尔顿大饭店事件的发生原因，就是希尔顿和TWA航空公司，互相合作的新战术所产生的结果。东京希尔顿大饭店开张那天，希尔顿亲自到日本参加盛典，当时他曾对记者这么说："我要为建立饭店王国，尽我所有的能力。至于国际亲善和世界和平，那是自然而然的事。"当时，有人问他把握经营尖端的诀窍是什么时，希尔顿意味深长地说："站在时代的前端，这就是我的诀窍。"

在日本人的眼里，他们都把这一件事看成是对日本的外资渗透。它的确是给日本经济界特别是饭店业的一个打击。东京的希尔顿饭店，正是世界饭店大王唐拉德·希尔顿的事业触角之一，这一事件被称为"希尔顿冲击"，它所引起的事端及其影响，在日本境内四处蔓延。日本朝野不仅把这个事件视为饭店业的冲击，还认为是日本经济界的一种危机。希尔顿这个人是非常美国化的，能敏锐地把握时代的动向，是美国式经营者的典型人物。由于这些因素，他所引起的东京希尔顿饭店事件，自然有不平凡的意义。然而，有关的评论方面，还不失之公正。东京希尔顿饭店一案，经东京地方法院判决，希尔顿胜诉，东京败诉，日本舆论大哗，认为该项判决对希尔顿有所偏袒，结果有失公正。

希尔顿为了扩充他的酒店帝国的版图，他以美国人所惯有的挑战和冒险精神，不畏惧任何风险，他一心所想的只有进军、进军、再进军！

只有高风险，才有高回报

任何的创业道路都不会是一帆风顺的。希尔顿的旅馆业同样是在挫折和坎坷中一步步走向成熟的。

正当希尔顿的事业如火如荼地发展时，他们的合作伙伴鲍尔斯却意外地遭到了枪杀。一天，在华斯堡经营梅尔巴的鲍尔斯给希尔顿打电话，说是又找到了一家好旅馆。希尔顿应邀去了华斯堡，见到了旅馆的主人苏德曼，一个红头发的小伙子，他们谈好用6万美元买下来，一部分由银行贷款，一部分用现金，而不足部分还可以签借据折算股份，交易顺利完成了。

希尔顿留下鲍尔斯让他同时经营两家旅馆，自己回到了达拉斯，但保留部分股份的苏德曼生性多疑，怀疑鲍尔斯滥用公款，因而出现了分歧和难以弥补的裂痕。

希尔顿决定像当初对合伙人史密斯一样，分给苏德曼一笔丰厚利润请他离开，但他坚持不肯，还要求由自己管理旅馆，希尔顿只好让步，让鲍尔斯回达拉斯的华尔道夫当经理，他和欧文留在华斯堡的梅尔巴。

因为苏德曼管理能力的限制，营业额一天天往下滑，只好又来找希尔顿，要求把旅馆的股份买回去。希尔顿把开价压到3.5万美元，他也答应了，但后来出尔反尔，说该付3.8万美元。

苏德曼终于离开了华斯堡。希尔顿再见到他是几个月后在艾尔帕索，他浑身肮脏，喝得烂醉，胡言乱语，说那笔交易他上当了，又说他们欠债不还，希尔顿急忙避开了他。

1922年4月18日，苏德曼到达拉斯的华尔道夫，打电话约鲍尔斯出来，鲍尔斯刚走下电梯，疯狂的苏德曼便在大厅中举枪射击，子弹击中鲍尔斯太阳穴，不治身亡。

希尔顿凑钱买下了鲍尔斯的股份，安顿了他的遗孀，同时将弟弟卡尔从海军召了回来，把华尔道夫交给他经营。

希尔顿又开始留心是否有旅馆出让。在可堪纳，他以两万美元的价格租下了比顿饭店，调屈吕安去当经理。屈吕安是个出色人才，管理得法，生意日渐兴隆，每过10天就寄一张千元支票给希尔顿，说是他的红利。

这时，华尔道夫旅馆有个客人跳楼自杀。谋杀和自杀事件刺激了希尔顿，他想了很久，发觉自己已经厌倦了接收这种二手旅馆了。

他的脑海中突然涌现了一幢高耸入云的大旅馆，上面标着“希尔顿”三个大字。他迫不急待地对妈妈说：“我有个新的梦想，我想大刀阔斧地干一场，第一件事，我要集资100万美元。”这对年轻的希尔顿来说，风险率还是很高的。

希尔顿看中了达拉斯商业区大街转角处的地段，它当时属于工人出身的劳得米克，是靠经营房地产而发财的暴发户。

按建筑师预算的初步估价，建造旅馆费用在100万美元左右。希尔顿立即开工建造，这时，他才正式开始去筹集那100万美元的资金。

冒险是最大的机会。希尔顿的冒险行为在当时可谓是个壮举，因为这其中蕴含着太大的风险几率。但从结果来看，只有高风险，才能获得更高的回报。

希尔顿在1963年出版了自己的旅馆经营专著《旅馆业者经验谈》，公布了自己成功的秘密和经营之道。

希尔顿在书中表示：“人，都在奋斗，奋斗的目标则是成功。在这一点上，不分职业、地位、性格，只要是人，都是这样。每个人都要树立一个理想，以它作为前进的动力，在自己选择的道路上逐步走向成功。然而，成功又是什么呢?成功不是以金钱来衡量的，富有的人并不全懂得生活的艺术。”

这些话，是唐拉德·希尔顿一生奋斗的总结，令人不能不为这位世界旅馆业巨人的宏大气魄和宽厚的胸怀而动容。希尔顿就是用这样的人生理念，来经营他自己的命运的。

可以这样说，在希尔顿的一生中，没有几天是风平浪静的日子。战争、挫折、经济萧条等诸多不利条件随时出现在他面前，但都被他坚强的意志和拼搏的精神所征服。从而使他从一个屡遭挫败的失败者，逐渐演化成为一个令世人所瞩目的优秀者。永不言败的精神，是他展示给世界的最珍贵的财富。

第十二章

数字时代雅虎传奇的缔造者

——杨致远

雅虎（YAHOO！）是什么？只要是稍微了解点网络的人几乎都会回答：雅虎不仅是一家成功的网络公司，还是新经济、电子商务的代表，雅虎已成为“潮流”的代名词和网络时代的象征。广告语“你雅虎了吗？”已经成为美国年轻人耳熟能详的口头语。这其中所含的时尚、活力和一点疯狂让雅虎迅速成长为网络世界的第一品牌。

雅虎(YAHOO!)从1995年创业至今，不到十年的时间已经发展为一家全球性的互联网通信、电子商务及媒体公司，每月为全球将近两亿用户提供多元化的网上服务。

创始人杨致远从穷学生一跃而成为亿万富翁，成为华尔街上的名人。杨致远也因此成为继苹果公司的乔布斯、微软公司的盖茨之后美国第三代顶级偶像人物。

全世界每一天都有无数像杨致远和大卫·费罗这样胸中洋溢激情、眼中充满渴望的年轻人开始自己的创业之旅，但是只有为数不多的人能像雅虎一样获得成功。有人说雅虎的成功具有一定的偶然性，也有人说它是典型的硅谷创业模式。不管怎么说有一点是不可否认的，雅虎是数字时代

的商业传奇。

人们永远猜不透达芬奇为何能画出蒙娜丽莎如此神奇的微笑，人们也一直在猜测杨致远成功的秘密……

我绝不为别人打工

雅虎的两位创始人在进入斯坦福大学之前素昧谋面，但命运之神却将这两个富有创造激情的年轻人绑在一起，从而造就了一个网络时代的神话。

杨致远10岁的时候随母亲从中国台湾移民到美国，生活困顿，幸好他成绩突出，以全优生的身份轻松进入了当地一家学校就读。大卫·费罗的父亲是建筑师，母亲是高级会计师，生活环境比杨致远优越很多。

1990年，杨致远和费罗在斯坦福大学获得了电力工程专业的硕士学位，随后两人同在一个研究小组工作。此后不久，他俩就在校园内的同一间办公室开始工作了。

当时，网络已逐渐成为研究人员生活中的一部分。1993年，杨致远和费罗开始着手建立最早的镶嵌式网络浏览器。同时，他们开始编辑一个自己喜欢的网站的网址。他们设计软件来帮助自己搜索这些网址，同时对之进行分类，并在他们自己的主页上发布。到1993年年底，费罗的个人网站标签已超过200个，“热门索引”已不能将所有这些网址名录很好地分类编入各自关注的领域。于是，他俩决定编写一些程序以帮助用户自己查找、识别和编辑互联网上存储的资料。刚开始，他们两人并不认为共享这些标签和资料是件多么了不起的事情。最初雅虎存放在杨致远的学生的工作站“akebono”上，而搜索引擎存放在费罗的计算机“konishiki”上。此时，他俩还从未考虑过将这一软件程序放在任何一家网站上或归于某个公司名下。

1994年4月，杨致远和费罗将他们的网址各录重新命名，雅虎正式诞生。1995年初，对于雅虎来说是一个非常重要的转折点。当时网景公司的创始人之一马克·安德森提出要吸纳雅虎，并把雅虎作为该公司的navigator网络浏览器的默认主页。与此同时，更多的人开始关注IT业中的这一新兴领域。

看到雅虎人气旺盛，潜力无限，网景公司和美国在线都意图收购雅虎，但被杨致远和费罗婉言谢绝。杨致远明确表示："我还没有为某一家大公司打工的打算。保持雅虎的独立性对其未来发展将更为有利。"

想要自己创业，当务之急就是获得充足的资金。杨致远和费罗经济能力有限，于是杨致远把目光投向了引人注目的风险投资上。由于网络已开始兴起，引起了人们的广泛关注，所以他们毫不费力地吸引到了投资者。曾资助过著名的苹果计算机和思科系统的红杉资本公司为雅虎提供了大约100万美元的风险投资。得到启动资金后，雅虎开始了正式运营。

钱的问题解决后，接下来就是招兵买马，构建优秀团队，以打开局面。杨致远非常清楚，商务管理和技术方面都需要大量的人才。斯里尼亚·斯里尼桑，斯坦福大学人工智能专业的女毕业生，就是第一批加入雅虎的高手之一。她现在是雅虎的副总裁兼主编。首席执行官蒂姆·库格尔是一位毕业于斯坦福大学的工程师，曾担任过Intemec公司的总裁。

1996年，雅虎的管理者全部到位，雇员总数也已超过100人，不过还没有任何利润报告。杨致远和费罗认为这是公开上市的最佳时机。4月11日，他们发行了260万股的普通股，每股13美元。第一个交易日对雅虎来说是具有历史意义的，因为其股价升高了154%，刷新了网景公司第一个交易日股价上升105%的最高记录。雅虎的资本市值达到了8.48亿美元。杨致远和费罗一下子成为了亿万富翁。

1997年1月，雅虎宣布它已经同550家广告商签约。更鼓舞人心的是，公司财务报告了其第一季度的利润将达92000美元。

2000年6月28日，雅虎签署协议兼并了一家电子表邮件组通信服务公司eGroups。2000年8月，雅虎宣布它拥有6200万用户，占互联网用户总数的54%。目前，雅虎的业绩和浏览量仍在快速增长之中。

用户想要什么服务，就提供什么服务

杨致远曾经说过：“只要合乎法律，用户需要什么服务，我们就提供什么服务。”个性化服务是雅虎成功的关键。在创业初期，杨致远就清楚地知道，不仅要吸引新用户，还应该把他们留下来，同时又必须兼顾老用户。于是他收集了大量的用户数据，加以分析，并通过仔细计算，最终得出结论：把用户留下来的关键，就在于要培养用户们发现需要的能力，使用户能够根据自己的需要和兴趣定制服务。当杨致远意识到必须适应整个网络业的发展变化时，1998 年，他迅速调整了自己的战略，从一个搜索引擎和网址目录转变成了一家网络服务供应商。

建立“我的雅虎”是个性化服务的开始，也是雅虎不同于其他网站的最大特色。在“我的雅虎”中提供了许多网络服务的链接，例如：新闻浏览、免费电子邮件、即时股票报价、聊天室、搜索引擎等；还有向其他多种网络服务提供商的访问，这包括机票订购、图书购买以及其他产品和服务。换句话说，普通网络用户想从网上获取的大部分信息内容都已经被包含进去了。

为了确保用户不被其他竞争对手拉走，“我的雅虎”自动让每个用户把它设置为默认的主页。这样，只要用户一上网，出现在视野里的第一幅网页就是“我的雅虎”。最重要的是，“我的雅虎”一直贯彻着杨致远和大卫·费罗的初衷——对最终用户免费。

进入 1998 年，雅虎连续出招，十分引人注目。它的一招一式就如围棋高手，既取得了气势，有利于今后的发展，又获得了实效，增强了实力，并吸收了一批具有极大潜力的网络人才。雅虎动作频频，蓄势待发。

在 1998 年，雅虎静悄悄地推出财务资讯服务、个人电视节目表、地图、在线电话黄页、免费电子邮件、网络寻呼以及聊天室等，全力打造“一网打尽”的网站，抓住访客的视线，也吸引了广告商的眼球。

依靠不断推出的新服务，雅虎吸引了越来越多的访问者。据估计，现在美国48%的上网用户至少每周访问一次雅虎网站。该公司称有1800万名用户在使用“我的雅虎”功能。雅虎平均每天的页面浏览数达到了天文数字的3.5亿次。

雅虎目前的成功，极大部分归结于他们能预测到用户的需要，提供用户想要的服务。

在发达国家，社会高龄化趋势不断发展，雅虎随即考虑到了老年市场。据统计，五十岁以上人口占北美网友的15%，约700—900万人。他们比年轻人上网的时间更长、在线购物的可能性更大。为此，雅虎于1998年初推出了针对老年人的站点“雅虎老年（Seniors Guide)”，其宗旨是“为活跃的老年人提供聚会场所”。

雅虎还与网上第一家书店亚马逊书店开展全面的合作。亚马逊书店将成为欧洲地区和亚洲地区许多雅虎网站中的第一家全球网络书店。当用户在雅虎上用关键字搜索时，可以同时搜索在亚马逊书店中是否有相关书目，如果找到了自己需要的书，还可以在线订购。法国、德国、加拿大、澳洲、日本和韩国的上网者现在很容易在许多雅虎网站的“book”目录下找到相关的英文书目。

对于日益繁荣的电子商务，雅虎也有一系列举措。1998年10月，雅虎又以约3000万美元的代价，买下了从事网络直销的“Yoyodyne”公司，显示了雅虎加强网上直销能力的决心。它还积极与著名的“VISA”集团合作，结成战略联盟，推进在线购物。雅虎与拥有1.3万家网络餐馆的在线订餐系统公司赛伯饮食（Cyber meals)达成协定，允许赛伯饮食在雅虎上开展在线订餐业务。

总之，不管是在网络世界还是在现实世界，雅虎都在不断进军每一个适合它发展的领域。雅虎的领导者们相信，凭借着最优质的服务，雅虎将无处不在。

如果你没有，就把它买下来

“雅虎无处不在”，这是网民们对雅虎最大的赞扬，也是雅虎作为一家世界性互联网企业的商务战略。

比尔·盖茨的名言：“如果你没有，就把它买下来。”现在也正被杨致远付诸实施。杨致远把收购融进他的经营战略中，利用自己高额的股票进行大规模的并购，扩展了它的平台，创建了自己的品牌，给其他公司树立了一个杰出的榜样。

雅虎很早就开始进行并购策略了，它在1998年10月花了210万美元买进一家直销服务公司“Yoyodyne”，另外又买下一家资料分析公司“Hyper Parallel”。雅虎希望由它们能搜集更详尽的网站使用者资料，再针对他们的特点拓展电子商务，从而获取更多的利益。

雅虎为了加强它全球网络门户领导者的地位，还投入巨资用于更多的收购活动，进行更加广泛的合作。杨致远说：“我们的发展很大程度上来自于精明的收购活动，要知道，一个公司仅仅靠自身的发展是十分有限的。我们必须不断创新以领先其它对手，但是更重要的是，我们必须拥有人们真正想要的东西。”

在美国在线以42万美元并购网景，高速网络服务供应商“@Hone”以67万美元的天价买下搜索引擎网站“Excite”后，雅虎开始了它酝酿已久的计划。1999年1月28日，雅虎宣布将以35.6亿美元并购地球村。地球村是个人出版工具和网络社区的创造者，于1994年建立，有350万用户，拥有网上最大的社团群，市场价值为23亿美元。

雅虎并购地球村后，吸收了一成多的新用户，继而成为市场上第二大网站。当时许多人对此还持怀疑态度，有人问：“你能想像地球村的网友还未使用雅虎吗？”不管如何，收购地球村使雅虎能够更好地进入到网络社区领域之中，在网络门户争夺中握有更有力的筹码。

1999年3月，雅虎又以60.8亿美元股票交换的形式收购了广播网。广播网站是在网络上专门提供电视和广播节目的公司。有了广播网站，雅虎就可以与那些欲进军网络多媒体领域的电视网、电影公司和其它媒体公司一较高低了。

这项并购案对买卖双方都十分有利，由于上网的技术发展越来越快、越来越方便，网络广播市场的潜力是十分巨大，广播网站会是雅虎进入更广大的网络市场的入场券，而广播网站又能借助雅虎巨大的用户群扩展自己的实力。

雅虎收购广播网站的消息公布以后，雅虎的股票立即上涨了2.37美元，广播网站的股票也大幅上涨，表明了市场对这一强大联合的信心。

这项合并奠定雅虎未来在高速网络时代的地位。雅虎的董事长提姆·库格表示这项交易让他们能够扩张在产业中的成长与领先地位。

雅虎接二连三进行购并，主要就是想补足自己所缺少的内容特色。市场观察家指出，雅虎与地球村、广播网站的合作，是“3C”的结合。“3C”指的是雅虎的电子商务（commerce）、地球的网络社区（community）、广播网站的内容（content）。雅虎除了直接收购对自己有利的公司外，还积极发展与其它公司的策略联盟。

1999年初，雅虎确定与“IBM”进行全球销售合作的协定。根据协定，“IBM”的新型“Aptiva”系列个人电脑产品将有“我的雅虎”服务，每个“IBM”电脑用户都可以获得雅虎个性化资讯，包括新闻、新产品介绍以及在线用户帮助服务。

从创立到现在，雅虎已经收购了近20家公司，每一次收购都使雅虎得到了壮大，增加了公司以及股东的利益。通过收购，雅虎也得到了不少新技术和服务。

打造品牌：你雅虎了吗？

雅虎能迅速抛开竞争对手，取得成功，其秘诀之一是杨致远非常重视品牌经营。杨致远很早就认识到网络市场的成功并不只取决于用户的访问量，更依赖于品牌。“雅虎”品牌真正表现了他们的意愿：独立、洋溢青春色彩、富有创新精神。

雅虎是一个有趣的、令人过目不忘的公司名字。“YAHOO！”词来源于斯威夫特的《格列佛游记》，指的是一种未开化的、纯朴平庸的人形怪兽，杨致远和他的合伙人大街·费罗自称他们是两个“YAHOO”。还有另外一种说法，“YAHOO”是“另外一种非官方层次资料库”（Yet Another Hierarchical Officious Oracle）的英文缩写。

据有关专家估计，雅虎品牌至少价值30亿美元。公司标志的趣味性是雅虎成功的原因之一。当然，要将一个有趣的符号运营为一个同样令人感兴趣的品牌，并不是一个简单的过程。但杨致远的雅虎成功了，他用最短的时间打造了一个国际知名品牌。

对于雅虎的品牌经营，国际资料集团的一位分析师说：“以网络使用来说，品牌在现阶段的竞赛中仍扮演极为关键的角色，他们的策略是希望当人们想要上网时，他们就会想到雅虎。”

根据有关网络业者品牌辨识的调查显示，上网的人有44%知道雅虎：不使用网络的人也有2%知道雅虎。

为了强化网络第一品牌的地位，雅虎发起了一系列品牌攻势。爱德华(Karen Edwards)是“雅虎”品牌的专职捍卫者，她的学业背景不是软件和工程，而是“商品营销与媒体”。在此之前她在施乐和20世纪福斯公司工作。经营雅虎品牌的成功使她跻身于《广告时代》1996年“促销100佳”。面对耐克的“Just Do It”广告语，雅虎推出了“Do You YAHOO！？”（你雅虎了吗?）这一极具煽动力的广告词。她把顾客分成“偶尔上网者”、“从未上网者”和“经常上网者”，分别采取不同的宣传战略，争取使他们喜欢雅虎。爱德华把这个广告语用于雅虎的所有广告当中。她有一个奋斗目标就是使雅虎（YAHOO！）成为大众文化的象征，而不仅仅是网络文化的象征，使至少一半美国人知道并认可这个名字。

针对潜在上网用户，雅虎在电台、电视台、杂志、报纸等各种媒体上做了大量宣传，同时花巨资在微软和网景的浏览器上加上雅虎的链接按钮，在数以万计的站点上都有雅虎的链接，无论你上网与否，你都可以看到雅虎醒目的标志。

雅虎公司与美国的一家电子游戏公司世嘉（Sega）公司合作，在大众消费市场上合作推出T恤、马克杯、滑板等商品。作为他们合作的结果，在这些不同类别的产品上，都会有一些醒目的标志和广告语，如“Do You YAHOO!?”或“让你在不可思议的一小时里看全世界”(see the world in one magic hour)等宣传字样。雅虎会选择与该公司合作的原因，是因为世嘉在品牌印象的策划推广活动上非常有经验，尤其是在青少年中。

雅虎仅花在电视广告上的费用就达500万美元。电视广告是针对那些听说过网络，但是还没有上网的人。广告播出之前，大约只有8%的美国人能说出雅虎是干什么的，甚至有人认为它是饮料。广告播出后，知道雅虎的人就大大增加了。

纽约品牌协会的总裁认为，创建一个网络品牌要远比在现实世界中创建一个传统品牌便宜得多。他说：“从既往的规律来看，创建一个超级品牌需要15—20年的时间，而电脑公司，如微软、戴尔等将这一过程缩短为3—5年。而树立一个网络品牌所需的时间还要更短些。”

雅虎尽管在这场网络品牌战中已胜券在握，但仍在不断努力强化其品牌意识，并试图将雅虎品牌形象打入主流市场。最近的一次尝试是他们首次赞助一个汽车“RALLY”赛的参赛车队。雅虎的体育频道加入了一个参赛车队的赞助活动，作为交换，该车队将贴上“YAHOO！商标，如同他们最近将在订书机等这类办公用品上打上他们的商标来推销雅虎品牌一样。

1999年起，雅虎的品牌攻势更为凌厉。1999年1月，世界媒体大亨默多克与雅虎开始联手合作。默多克领导下的新闻集团和雅虎达成一项市场推广协定。根据协定，雅虎将可以在每晚黄金时段的福斯体育节目以及北美冰上曲棍球大联盟联赛、全美棒球职业联赛的传播中播放广告。

雅虎的品牌攻势还远不会结束，直到它深入每个人心中，深入每一个家庭。

第十三章

创造微软神话的哈佛退学生

——比尔·盖茨

在当今的世界上，几乎没有人不知道比尔·盖茨。这位家喻户晓的人物，创造了史无前例的财富神话。正是这位创造财富神话的人，还在他学生时代时就开始他的创业之旅，尽管当时的条件和技术都还不成熟。

比尔·盖茨20岁开始创立并领导微软，当时的他，还只是哈佛大学的一个学生。

1977年，由于预见到电脑行业的无限商机，比尔·盖茨毅然从哈佛退学，结束了自己的学生生涯，开始将全部精力投入到和保罗·艾伦合创的这家小的电脑软件公司上。

20世纪80年代初，比尔·盖茨的同伴艾伦因身体状况不佳离开了微软。微软在比尔·盖茨的领导下，全力以赴地向信息技术新领域进军。

到了20世纪80年代后期，微软在华尔街成功上市。这对当时的微软来说，无疑起到了巨大的推动作用。1996年上半年，微软的市场股价从1986年的每股2美元涨到了105美元，盖茨一夜之间成了亿万富翁。这一成就真是空前绝后的。

1998年9月16日，微软的市场价值超过了通用电气公司，成为全美最大的公司。1999年7月，微软的市值突破5000亿美元，超过了美国三大

汽车公司市值的总和。

比尔·盖茨对科技深刻的领悟力和独特的经营方法以及敏锐的市场预测力，使微软从一家两个人的小公司发展为员工接近 2.5 万人、年销售额超过 300 亿美元的超级大公司。比尔·盖茨的财富已达 500 亿美元。他成了全世界最富有的人。

那么，从一个赤手空拳的学生，到称霸世界软件行业的首富，比尔·盖茨是如何实现这两种差距悬殊的身份的转变呢？让我们从他的创业史中体会他是如何从普通走向成功的吧。

抓住机会，“抛弃”哈佛

在某种意义上，机会比努力更重要。虽然每个人都明白机会很重要，但抓不住或把握不好，仍然等于零。很多人也认为微软的成功在于他们遇到了千载难逢的好机会。盖茨不但抓住了机会，而且将机会无限地拓展，从而取得绝对优势，这就是微软走向成功的重要因素。

在刚刚微软创立的时候，盖茨领悟到：信息技术行业将发生一次大的变革。这次变革将完全改变电脑的概念，在经济领域内是一次不可多得的创业机会。于是他毅然从哈佛退学，开始创业。

盖茨利用自己的技术优势，再加上几年艰苦卓绝的努力，终于牢牢地抓住了这个难得的机遇。

1980年在和IBM协商后，IBM将电脑市场的领导权拱手让给了微软。

这无疑为微软的发展增添了无限的生机，因为比尔·盖茨看到了IBM所看不到的东西，那就是未来电脑市场的关键不在硬件上，而是在软件的开发上。

当时的电脑世界正处在裂变时期的边缘，即管理学家们常说的“模式转换”阶段。一次关键性的变革就会引起一个行业的彻底改变。盖茨知道，要想为软件应用建立通用的标准或者平台，就必须依靠IBM的市场地位才能获得成功。而这个通用的平台，就应该是Q-DOS，是盖茨从别的公司买来后更名为MS-DOS的操作系统。

当时，担任IBM董事长的弗兰克·凯里要求部下必须在1981年8月之前生产出一种贴着IBM标签的个人电脑。负责这个计划的人将这项技术的两个关键部分交由其他公司来提供，其中之一的操作系统就由当时名不见经传的微软公司提供的。

在合约中他们约定：IBM负担MS-DOS大部分的研究开发费用，而微软可以将开发出来的系统授权给第三者使用。

结果在以后个人电脑产业迅速增长的时候，每家每户都在使用微软的MS–DOS，所有的丰厚利润几乎全被微软公司赚走了。

盖茨抓住机会并获得了成功，而IBM却在这次合作中丢掉了巨大的经济市场。这的确令人为之惋惜。

很多现实案例表明，在商海中能抓住机会并不是一件很容易的事，因为每个机会的出现都有无数的竞争者在等待着角逐。微软则是运用某些优势巧妙地避开了角逐并将机会在潜移默化中拓展到了极致，这一点是很多同业者无法做到的。

比尔·盖茨利用与IBM的这次合作取得了初步成功，在IT行业站稳了脚跟。紧接着，为了击败当时市场上另外几种操作系统，盖茨又一次利用了IBM。

当时苹果电脑由于其操作非常简单，在市场上很受消费者的欢迎，与此同时，苹果还在开发先人一步的麦金托什操作系统。盖茨意识到IBM多年来在市场上的地位可以帮助他，所以他要利用这个当时最具可信度的电脑厂商进军个人电脑市场，以便消除苹果电脑对他的威胁。

比尔·盖茨清楚地认识到，当IBM品牌的个人电脑大批量进入市场时，这些电脑所使用的操作系统也同时打开了市场。当时IBM的个人电脑里面安装的都是微软的MS–DOS。这对微软来说，是最好的“特洛伊木马”——每一台卖出去的IBM品牌个人电脑里面，都运行着微软的操作系统。每一台IBM的个人电脑，都是微软的一个免费广告宣传员。

20世纪80年代末期，已有多家厂商获得微软软件的使用权。微软与许多厂家建立了良好的合作关系。

而此时的苹果电脑却束缚于自身的经营策略之中，走上了与微软完全相反的道路——他们不愿意让别人来“复制”他们的电脑。要买他们的苹果操作系统，就必须买苹果电脑。这种传统的捆绑式经营方式，早已不适应飞速发展的信息技术领域。仅此一点，他们就远远落在了比尔·盖茨的后面。当时的苹果电脑同时涉足软件和硬件市场，在经营策略上，他们始终没有将软件和硬件分开。苹果电脑认为他们掌握的是一个“组合双环杀手锏”，但他们却不知道，当时盖茨领导的微软已抢占了80%的市场。当苹果电脑明白自己走错了这步棋时，已经失去了大部分市场份额。

苹果电脑的保守观念，在无意间为微软提供了扩张的机会。而微软在抓到机会的同时，以富于前瞻性的预见力把握住了发展的命脉，从而为微软迅速占领市场赢得了空间。

技术专攻，态度专一

智慧相对于一个商业团体而言，并不是某个个体思想所能涵盖的，它需要众多思想的集思广益和归纳整理，才能形成一个商业团体的真正智慧。

比尔·盖茨有句名言："我们的成功得益于竞争对手的粗心大意，他们送给了我们许多机会。"但他同时补充说："那是运气，你总不能老靠别人犯错来经营自己的事业吧！"盖茨所谓的运气我们可以理解为"投机"。虽然商业运作离不开投机，但这绝不是长久的。长久的事业需要专业的支持。专业表现在两个方面：一是技术专攻，二是态度专一。这两者综合起来，就是发展的"智慧"。

比尔·盖茨的专一在业内有口皆碑，即便如今贵为全球首富，他对公司、对工作的态度一如创业之初。从内部管理到业务洽谈，乃至技术研发，比尔·盖茨几乎事必躬亲。

由于盖茨自己就是技术专家，所以他对产品的开发是非常严格的，这是他的一大优势，也是微软成功的关键所在。曾在微软工作过的布莱德·西尔弗伯格就曾说过这样一段话："他总会把关键的问题拿出来问你，他总能够领会到一个程序中最复杂的细节，这让人非常奇怪——他是怎么知道的呢？"

而盖茨也自称，只要是他最后改定的程序，多少年后他依然能回忆起大部分的编码。虽然他现在已没有更多的时间一一看所有的编码，但他仍对微软的所有产品了如指掌。

比尔·盖茨从一个电脑迷到一个电脑专家，再到IT界的巨擘，在40岁以前便完成了许多人一辈子也无法完成的人生目标，靠的就是他对电脑的痴迷。而这种专一，练就了他独特的商业眼光。早在创业之初，比尔·盖茨便认定电脑业未来的市场必属于软件。这一"倔强"的观点为微软的发展确定了中心——软件市场。"微软的规划就是要编写出伟大的软件。我们从来没有去想要精通别的什么东西，我们所要做的且只能做的就是合理用人、规范管理，以及让我们的软件遍销全球。”

由于技术专攻，微软软件永远处于领先水平；由于态度专一，微软的研发生产流程十分严格，生产出来的产品质量优良。在微软有一条规定：一旦发现漏洞，就要马上改正。软件开发生产流程如此，内部组织管理同样如此。

这种专攻和专一，使得微软在强手如林的技术竞争中独树一帜，胜人一筹。从宏观的创业角度上讲，这种专攻和专一的经营理念，就是一种智慧。

用美金砸出多元化市场

微软公司一直积极推行多元化的市场策略，因为比尔·盖茨先生深知实行多元化策略比采用扩张策略获利更大。导致微软公司积极推行多元化市场策略的另一个原因是，微软公司的一些计划产品有时无法在短时间内获得市场回报。

从1998年年底起，微软公司便开始实施产品多元化策略。微软公司的闲置资金已经远远超过其产品与市场的扩张需求，这为其推行多元化的产品策略打下了经济基础。

1985年，微软公司“DOS”操作系统的市场占有率接近饱和，如果继续在操作系统上投资，明显比不上开发应用软件利润大。

于是，微软公司开始发展其文书处理软件“Word”和电子报表软件“Excel”，为今日的“Office”办公应用软件发展打下了基础。

1994年，美国个人电脑的市场空间已经不大，价格竞争十分激烈，而商用的网络操作环境已经形成，于是，比尔·盖茨决定大举进入网络操作系统与网络应用软件市场。

微软公司通过推出“NT Server”、“SQL Server”、“Exchange Server”等服务软件，成功切入由：“IBM”、“SUN”、“Oracle”、“Informix”、“Sybase”等软件大厂所把持的商用服务器软件市场，使得微软公司的营业额持续上升。

身为全球首富的盖茨先生有的是美金，根据财务报表，微软公司在1996年底持有的现金高达40亿美元之多，远远超过了微软公司目前扩张的资金需求。

从1996年年底起，微软公司开始执行更广泛的产品多元化策略。

就媒体报道的消息来看，微软公司已经收购了数家与网络相关的企业，以取得先进的卫星通讯及影音压缩技术，也开发一些娱乐性软件，如漫画式网络聊天室，三维立体游戏、虚拟现实游戏，可以说除了硬件生产外，所有的软件开发与硬件标准设定，微软公司都有兴趣介入。

不断的开拓新市场，也是微软公司的营销手段之一。1977 年，盖茨开始大肆进军日本电脑市场，并取得了很大的成功。“在微软成立仅仅两年之后，我就进军了日本市场，那可是个大市场。”盖茨说，“许多重要的研究课题都是在日本进行的。日本将取代美国而成为最具竞争性的地区。”今天，日本是微软公司在美国本土之外的最大市场。

微软公司是最早打入欧洲市场的美国软件公司之一。微软公司法国分公司的第一个办公室于 1983 年 5 月 2 日开张。这个办公室位于巴黎南部勒尤里工业区，而在勒尤里工业区里当时已有许多电脑公司，如戴尔电脑公司、康柏电脑公司等。

微软公司成立 20 多年来，产品之所以能一直畅销世界，除了其产品性能优良外，与有效的市场策略及服务策略是分不开的。

对于像中国这样的发展中国家，微软公司采取的是一种“培育市场”的长线式战略发展方针。微软公司在这些国家的营业额虽然不多，但微软公司产品的实际影响力却远远超过营业额。同时，针对这些国家有着与美国本土不同的特殊情况，微软公司采取了一系列的有效措施。

通过一系列精密周全的培育市场措施，微软在海外市场所向披靡，战果累累，势力范围扩展到世界范围内的各个领域。

寻找能与我们一起工作的人

关于用人，盖茨曾经说过：**“我们不一定非要找已经成为专家的人，因为电脑行业发展日新月异，需要不断学习，关键是要找对软件特别感兴趣、有一定的理解能力、乐意和其它探讨软件未来的人一起工作的人。”**

微软公司在雇人方面的一个重要特色就是：喜欢雇用刚出学校的“社会新人”。在整个微软公司每年录用的新进员工当中，这些刚踏出学校的“社会新人”所占比重高达80%以上。

微软公司之所以偏爱雇用刚出校门的“社会新人”，因为这些人，没有任何的负担和压力，容易对工作产生狂热，而且一般也不会计较薪资，微软公司就可以采用低底薪制来试用。

而且，微软公司在考核员工业绩的时候，只要求员工的工作成就，不重视员工的资历、学历及职位；不重视形式，只看重成果。因此，这些刚出校门的社会“新人”能够很快地出人头地，符合年轻一代的“冲劲”。

盖茨求贤若渴，在用人的眼光和气魄上，都表现出过人之处。起用杰瑞·拉腾伯就是一个典型的例子。

1983年，已经在操作系统领域取得霸主地位的比尔·盖茨，决定进军应用系统软件领域，他需要有一支精明强干的销售队伍，为客户提供售前售后服务。比尔·盖茨费尽心机，四处搜寻人才。

1984年初，猎头公司送来了几个人的资料，其中，一个叫杰瑞·拉腾伯的人，引起了盖茨的注意。

当时在科瓦拉技术公司任销售总监的杰瑞·拉腾伯具有丰富的零售营销经验，具有非凡的的管理能力，正是微软想找的那种人。

盖茨当即拍板敲定：聘请杰瑞·拉腾伯为零售部门的副总裁。

随后，盖茨亲自前往，经过一番游说，拉腾伯同意到微软工作。

1984年5月，杰瑞·拉腾伯正式上任，开始整顿微软的零售和服务队伍。他把用户服务办公室改成了用户服务部，大力扩充人员，建成了一支有六十多名技术人员和三十多名其它工作人员组成的用户服务队伍，负责从咨询到技术维修等一系列的工作。他大幅度地对零售队伍进行充实、调整，对全体人员进行销售、谈判方面的轮训，提高人员素质。经过一番整顿扩充，微软现在算是有了一支真正的销售队伍和服务队伍。

在微软公司争霸应用软件市场的大战中，拉腾伯的这支队伍，发挥了巨大的作用。微软公司开始步入飞速发展的轨道。

比尔·盖茨当机立断，用人不疑的那种干脆、利落的气魄与胆略，显示出他的帅才风度。

此外，比尔·盖茨本人经常亲自参加人才招聘会并亲自面试应聘人才。如果他获悉某地有一位天才程序员，他绝对会亲自致电对方，想办法将其招至麾下。比尔·盖茨说："这是理所当然的。就智商而言，你必须高人一等，就态度而言，你必须惟才是用，这样你才能挑选到最聪明的人来为你编写程序。"

在招聘员工的程序上，微软比其他公司少了"试用"这一关。微软招聘人员一贯坚持宁缺勿滥，所以他们在决定聘用之前，一定要把应聘者仔仔细细审查一番。比尔·盖茨认为，用一个二流人才比用一个没入门的新手还糟糕。他说："如果员工只是无法进入工作状态，还可以有补救的办法，但若你用一个二流人才，让他占据公司的岗位不走开，就相当的麻烦。"

因为有良好的学习、工作环境和和谐的人际关系，并感怀于比尔·盖茨的慧眼识才，公司的许多高级技术人才和管理人才常常劝说自己的同行朋友加入微软。被称为"word之父"的查尔斯·西蒙沂就是比尔·盖茨亲自从施乐公司研究中心挖来的，而查尔斯·西蒙沂到微软后，又将昔日的程序员同事或朋友带到了微软。有人曾经问比尔·盖茨："你是怎么弄来这些人的？"他的回答是："因为大家都说我们这里的工作很棒。"

企业的最关键因素是人，企业的成功其实就是用人的成功。盖茨独特的用人之道，不能不说是微软打造软件霸业的重要因素。

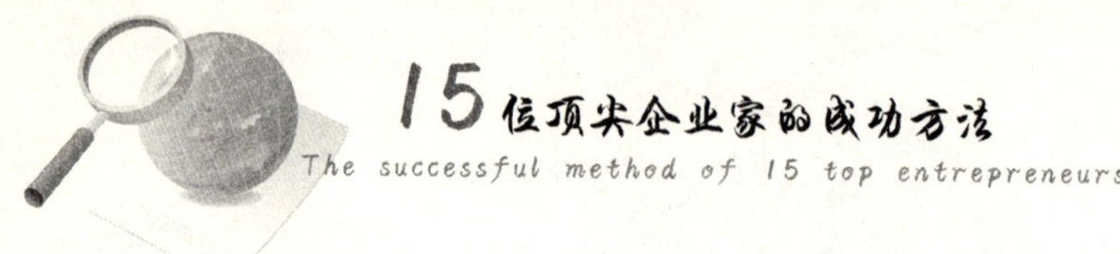

只留下比尔盖茨一样的人

微软公司的管理既十分严格，又极富竞争性。公司实行横向组织，有九个部门经理。每个部门按同样方式构成：一个产品部经理，一个开发部经理，一个程序部经理。每隔六个月，公司集中检查考核所有部门的工作。哪个部门，哪位员工业绩不佳，落在最后，部门经理要降职，个人要被公司淘汰。竞争性的管理是微软的一个鲜明特色。

作为高科技产业，微软公司采用的是一种“非人性化的管理”。通过严格的筛选制度“将员工榨干与强制汰换”，留下的人就如同盖茨先生一样，是有过人才智、有野心、愿意长期付出以换取长期利益的人才。因此，微软公司“非人性化的管理”才能畅通无阻。

微软公司的管理风格，简单而言，似乎就是在不断的压力下追求成长。因为微软公司现在要做的是领先的创造，压力刺激了员工的灵感，同时也赋予他们使命感。

也有许多人会问，为什么如此多的微软公司员工可以在盖茨先生的“压迫”之下，还愿意继续坚持下去呢?因为，微软公司除了能够给予员工较好的薪水和福利待遇之外，它还是当今世界软件产业的龙头企业。

此外，微软公司带领员工一起成长，一起接受挑战。员工来这里可以学到很多东西，也能够享受领导时代的成就感，和背负下一世纪科技未来的使命感。

比尔盖茨经常告诫员工：“每隔3年我们都要好好审视一下几年来取得的成绩，这非常重要。任何一成不变的公司都很可能遭到淘汰，我们已经有太多的前车之鉴。”患有“老大恐惧症”的盖茨先生不断地将自己和员工逼向极限，因为微软公司是资讯产品的龙头，所以需要的也是顶尖的设计人才，要不断地向前冲。

在对微软的内部经营管理上，比尔·盖茨有着与众不同的策略。

对待自己的员工，微软与其他公司不同。他们雇佣的员工都是具有非凡智慧和创新思想的人。公司通过各种激励制度，制造挑战和机遇，提供优越的工作环境，将这些难得的人才留住。当然，微软所实行的独特的股票期权制度也起了相当大的作用。据统计，微软的员工流动率不超过8%。对于飞速变化的IT行业来说，这已经是非常低的数字了。

在管理方式上，微软的管理一直是轻松的校园式的管理风格，员工之间没有等级歧视。但是，轻松绝不是说一切都放松，他们对员工的要求非常严格，要求员工定时完工，时刻准备迎接挑战。微软不同于其他公司的是，他们创立公司时就加入的人才，到现在还有许多人在职。虽然这些人通过微软的股票期权制度，在三十岁左右就成了百万富翁，但他们并没有停滞不前，而是为了自己的理想仍在拼搏着、努力着。这是其他很多大公司的员工无法做到的。正因如此，微软才成为唯一！

这就是“奇才”比尔·盖茨所领导的微软——一个让人惊叹折服的数字王国，一个一直处于信息技术行业霸主地位的巨头！

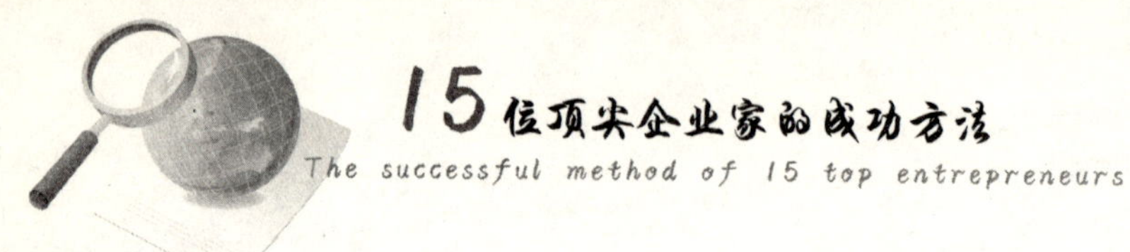

垄断才能获取超额利润

微软的车轮滚滚向前，气势不可阻挡。任何阻挡它的对手都要挨它的拳头，包括它的朋友。微软现在想要做的就是踩在别人成功的肩膀上更上一层楼，巩固微机应用软件王者的地位，并且将势力范围扩展到电脑网络的各个领域。

对比尔·盖茨来说，商场就是战场。商场变幻无情，昔日的合作伙伴也可能成为生死冤家。

对此，盖茨的朋友——佛罗里达软件公司总裁黑地·罗兰感触颇深："比尔·盖茨从不放过哪怕是一美元的生意，似乎非将竞争对手置于死地不可。他是那种以公开和公正的手段赢得世界的人，但他也不想剩下什么残汤剩水供我们瓜分，他喜欢一网打尽。"

卧榻岂容他人酣睡！在盖茨看来，商业利益毫无疑问地高于私人情感。他是如此酷爱竞争，以致为了微软能赢，达到垄断地位，他几乎使用了全部的商业计谋，施展了百般手腕。

微软公司能够获取垄断地位，不断赚取大把"美金"的重要的产品策略便是：不断推出各种各样的软件"套装组合"产品。

微软公司通过产品的"套装组合"与极具诱惑力的"订价策略"，强行抢夺市场占有率，改变消费者的使用习惯，培养对微软产品的习惯与依赖。购买"Office"办公应用软件的价格比分别买文书处理软件"Word"、电子报表软件"Excel"等的总和还便宜许多。这样一来，需要"Excel"的用户，当然会选择购买整个"Office"办公应用软件。

作为商战高手的比尔·盖茨，在商场上多年的打滚，渐渐认识到以谁的产品为行业标准对公司是至关重要的。深谋远虑的盖茨清楚地知道，一旦自己的产品成为行业标准，便可以"挟天子以令诸侯"。

比尔·盖茨对此心如明镜，并且一直把它作为微软公司的一种发展战略。

1984年，苹果公司成功地推出了麦金托什电脑，电脑以良好的图形接口技术一下子赢得了用户的欢迎。此后苹果公司每年的利润开始以惊人的速度增长，苹果公司股票在华尔街冲劲十足，高视阔步。

就在苹果志得意满的时候，比尔·盖茨步步为营，开始了“视窗”系列的开发。和开发“MS–DOS”操作系统一样，盖茨又把目标定在了行业标准之上。

看到麦金托什电脑上图形界面的卓越表现，盖茨暗自下定决心，要开发出新的软件，并要让它成为取代“MS–DOS”的新一代行业标准。

1985年，微软推出“Windows 1.0”，五年后推出“Windows 3.0”，产品以其强大的功能，马上就成为市场畅销软件，随之成为新的行业标准。

由于错把电脑市场完全看成硬件市场，实行自我封闭的政策，发展前景本来极其远大的苹果公司，最终只能成为市场上中量级的选手，而始终不能当上“龙头老大”，虽然它一直都在梦想做“老大”。

挟制着行业标准这个“天子”，微软所向披靡，战无不胜，在垄断的路上高奏凯歌，一骑绝尘，渐行渐远。

第十四章

用100日元创造松下奇迹的经营之神

——松下幸之助

松下电器公司是日本最大的家用电器生产商，位居日本六大超级企业集团之列，也是世界上最大的50家公司之一。在业界，松下企业素有“家电王国”、“不知萧条的企业”等美誉。如今的松下电器公司，拥有员工20多万人，年销售额达25000亿日元。松下集团的创始人松下幸之助在日本久负盛名，被誉为“日本电子工业之父”和“经营之神”。

松下幸之助1894年11月27日生于日本和歌山的海草郡和佐村的一个普通农民家庭，父亲叫政楠，母亲名德枝。当时他有两个哥哥，五个姐姐，他排行第八。

松下幸之助23岁时，即1918年3月7日，他靠100日元起家在大阪创办了松下电器制作所，当时全所仅有他们夫妇和内弟(井植岁男，后任三洋电机公司总经理)三人。由于松下幸之助善于经营，十年后即发展成了一个拥有1500人的公司。

第二次世界大战刚刚结束时，松下公司各厂的设备已陈旧不堪，负债累累，濒临绝境，但松下抓住时机，组织力量研制了电视机、录音机、家电冰箱、立体声收音机、烤面包机等新型耐用消费品。仅仅用了12年时间，就使企业复兴起来，并得到飞速发展。

松下幸之助从手工小作坊起家，仅经过一代人的努力，就创建了日本首屈一指的家用电器公司。他被誉为这家公司的“当今太上皇”，成为日本立志经商者崇拜的偶像。

这些事实不得不让我们考虑这么一个问题：从原来100日元起家的三人工作坊一跃成为拥有资产上万亿、职工数十万的现代化跨国企业，松下究竟用的什么方法做到这一点的呢?

让每个人都买得起松下电器

20世纪80年代初期，日本98%的家庭都已经有了彩电，只有70万户还没有购买。然而，松下公司还是能每年在国内销售彩色电视机200多万台。这个奇迹是怎么创造的呢?原来松下公司适应市场不同层次的需要，开发了一系列物美价廉、深受消费者喜爱的新产品，唤起了消费者更新或添置电视机的需求，从而开辟了新的市场，使市场容量达到绝对饱和。

松下幸之助从日常生活中总结出一条重要的经营规则：经由大量生产，使货品的数量可以像自来水那样便宜，人们很轻易便能获得，那就可以解决销量的问题。松下曾经说过："想要发展壮大松下，唯一的方法就是让每个人都买得起松下电器。"于是松下电器要走的路是：让价格尽量便宜，让所有的人都可以承担。

松下电器自己开发研制的"独创产品"，几乎无人插足。早年开发的炮弹型车灯，质地优良，价格低廉，垄断了整个车灯市场。但松下仍担心有人介入，就在炮弹型车灯畅销之际，他们又果断推出第二代产品—比炮弹型车灯更为质优价廉的乐声牌方形电池车灯。

松下幸之助一直坚持"销量愈多、售价愈廉"的原则。在松下牌车灯刚推出时，松下电器卖给批发商的单价，车灯为1.25日元，电池0.25日元。当车灯月销量达到一万只以后，他第一次降价，车灯降为一日元，电池降至0.22日元。1930年车灯销量达20万只，车灯减价为0.6日元，电池为0.16日元。到1937年，车灯已减为0.30日元，电池0.1日元。一节电池比一支蜡烛还便宜，岂有不畅销之理!

松下清楚地知道，要真正做到适销对路，就必须使自己的产品质量优、性能好、价格低，真正称得上是"第一流产品"。因而，提高质量，降低次品，节约成本，不断开发优良产品，是松下公司努力的目标。

松下公司一直致力于降低产品成本，来适应各层次消费者的需要，让大家都买得起，这一点让许多公司望尘莫及。索尼公司首先推出了家用录像机，迅速占领了绝大部分市场。松下公司马上就研制生产了一种容量更大、结构紧凑、质量可靠、价格比索尼产品便宜10%~15%的录像机，使录像机迅速普及，成为大众化的家用电器。后来市场上每售出三部录像机，其中就有两部是松下的产品。

为了降低成本，提高质量，松下幸之助提出了“向无人化工厂前进”的口号。松下公司还建立起了一整套节约成本的体系，从材料部件的接收、保管到装配线的供应都由中央控制室控制，实现了产品生产自动化、系统化，从而大大降低了生产成本，将“让每个人都买得起松下电器”的理念贯彻到底。

对“亲家”要守信用

品牌是产品的信誉，从品牌到名牌，渗透着无数企业家、管理者的毕生精力和心血。对于企业来说，声誉或信用是生命之本。纵观现代企业中那些在竞争中被淘汰的公司，十有八九是因为企业的声誉和信用受到置疑或否定而造成的。所以，松下幸之助在他的经营理念中将企业的声誉和信用放在最重要的地位，充分显示了他在商业竞争中意识超前的才能。

精通中国传统文化的松下幸之助深深体会到，企业产品的牌子对企业发展有着重要的价值。他曾谈到“松下”名称的由来，是一次他看报纸，发现了英文“国际”一词“INTERNATIONAL”，其中“NATIONAL”的意思是“国民的”，或者是“全国的”，于是他选定用“NATIONAL”作为自己公司的商标，一则表示公司的产品是国民所需要的，二者也表现了参与国际竞争的勇气。

松下幸之助认为，日本的实际情况决定了日本企业必须参与国际竞争。为了与不同国家的同行一决上下，在国际舞台上扮演一定的角色，维护本公司产品的声誉非常重要，为此必须不断提高“NATIONAL”的知名度。只要有松下电器在国际市场上频繁露面，就是对国际竞争对手的威胁。

关于企业的信用，松下幸之助为此感叹良多。他特别强调松下产品的质量，认为这是企业的信用表现。他曾指出：生产厂家不能把自己的职责仅限于履行一纸订货契约，还应当把顾客对本产品的需求当成同样必须履行的无形合同，并且根据这种无形合同组织生产和销售，以保证随时随地地满足顾客的需求。

过去，松下的京都工厂电子管合格率只有15%。为了改变产品落后的状况，1951年，松下幸之助倡议与荷兰的菲利浦公司进行合作。合资公司创业所需的资金全部由松下京都工厂投入，菲利浦公司纯属“技术股东”。松下幸

之助做这样的“吃亏”生意，目的只有一个：向菲利浦要技术，求得将来的发展。他说：“在开始的五年，你们就当自己是个瞎子，让菲利浦来牵着走吧。”他不计较眼前的得失，放眼未来，不仅获得了精良的机器设备，而且从菲利浦那里学到了先进技术和一整套先进的管理制度。

在合资公司里，菲利浦的顾问反复强调：质量重于数量。他的嘴边老是挂着一句“请跟我来”的口头禅，拉着松下公司的管理人员深入生产第一线，把质量问题消灭在生产过程中。松下与菲利浦合作，开始仅限于荧光灯和电子管，后来逐步扩大到半导体、阴极射线管和收音机、电视机等畅销产品。到1966年，松下的电子管合格率已上升到98%。

松下幸之助有句名言：“为顾客服务”，他说这是松下公司的经营哲学。他比喻把商品卖给顾客如同嫁出自己的女儿，对亲家当然要守信用。

松下深知，要将松下电器打造成全球性的名牌，就必须有上乘的质量作保证。松下公司注重质量管理，制定了严格的全面质量管理体系。他们认为，即使是万分之一的次品，对于买者来说，也是百分之百的次品。只要出现一个次品，他们就要停工，重新检查所有工序，哪怕造成时间和财物上的浪费。

正是在这种科技与管理的双重保证下，松下产品的质量才得到了全球消费者的认可。

拿出一半家当引进技术

1951年11月，松下幸之助参观荷兰的菲利浦公司时，被该公司先进的技术所震撼，当即决定与菲利浦合作，利用菲利浦的先进技术在日本建立一家股本68万日元的合资公司—松下电子公司。其中，菲利浦出资30%，松下电器出资70%。菲利浦的30%是从他们该拿的技术指导费中折算，实际上不需要投入一分钱。

1952年，日本松下电器公司与荷兰菲利浦公司就有关技术合作细节进行商务谈判。菲利浦公司提出技术使用费的比率为销售额的7%，松下幸之助经过苦苦争取，把比率压低到4.5%，但菲利浦公司又提出新的要求作为比率优惠的条件：专利转让费定为五十五万美元，并且必须一次付清。

当时松下电器公司的资本总额不超过5亿日元，而55万美元相当于2亿日元!这笔技术转让费对松下公司来说的确是一个相当沉重的负担。能否接受对方的条件呢?松下幸之助感到迟疑不决。合约是由菲利浦公司起草的，其中的条款也都有利于菲利浦公司。

松下幸之助为了保证技术合作项目的效益，又对菲利浦公司做了深入细致的调查研究。在调查中，他发现菲利浦公司拥有一个约三千名研究人员的研究所。他们设备先进，人员精干，每天都在进行着世界最新技术和最新产品的开发研究。当时，菲利浦公司也急于开拓国际市场，有心打开日本的市场局面。松下幸之助暗暗思量:“如果创造一个相同规模、同等水准的研究所，要花上几十亿日元和几年的时间，而现在，以二亿日元为条件，便可以充分利用菲利浦公司研究所的人员和设备，可以达到‘假人之手，从中渔利’的目的，何乐而不为呢?”于是，松下幸之助先生毅然和菲利浦公司签订了合作合约。

合约虽然签了下来，回到日本的松下，还是觉得自己太吃亏。他苦思冥想，突然想出了要拿“经营指导费”的主意。你菲利浦提供技术人员和技术，要拿技术指导费，我松下提供经营人员搞经营就应该拿经营指导费。

明明是松下电器需要人家的技术，要求与人家合作，按国际惯例，菲利浦拿技术指导费是理所当然的。世界上从来没有一家要求人家技术指导的企业，再从企业赢利中抽取所谓“经营指导费”。真难为松下想出这种主意！

然而，细细研究，既然是合资公司，你抽技术指导费，我拿经营指导费，虽然有点牵强，但还说得过去。对松下的要求，尽管菲利浦方面感到突然，觉得不合国际惯例，很不乐意，但是最后谈判的结果还是定为，菲利浦一方拿技术指导费4%，松下一方拿经营指导费3%。15年后，技术指导费和经营指导费各拿2.5%。在这个交易中，松下显然看透了对方急于交易的心理。另外，他自己巧妙构思拿出的“经营指导费”的思路虽然荒唐，却也给了菲利浦公司一个体面的台阶下，所以松下能以最低价格成交，这确实有他的独到之处。

从此，菲利浦公司派出了技术精英前去赴任，他们把技术、知识和管理经验传授给了松下公司。在双方的合作期间，松下公司便利、迅速地得到了菲利浦公司最新的技术支援。双方的合作为松下电器公司日后发展成为驰名全日本乃至全世界的大公司打下了坚实的基础，提供了切实可行的先决条件。

在商战中打造销售的松下

通过50年代的技术引进、兼并和合作等一系列措施后，“松下电器”无论是产品种类还是生产能力都得到飞速发展。此时的松下已经认识到，狭小的日本市场不可能满足它的高速发展，走向世界的松下时代已经到来。松下幸之助决心要在“经营的松下”形象基础上，在国际上再塑造一个“销售的松下”形象。

早在1953年，松下首先把驻纽约办事处——“美国松下销售公司”作为进入海外活动的主要据点，紧接着又在国内组建了专门谋划运筹攻占国际市场的中枢机构——国际本部。在他亲自指挥下，海外开拓工程进展迅猛。

1954年松下电器出口额仅为5亿日元，四年后已发展到32亿日元，增长了6倍，而1960年又猛增到130亿日元，占松下电器总产值的12%。

然而，这并没有使松下得到满足，为了实现1951年他所强调的“向着世界开创日本以及日本人的未来”的更大目标，松下幸之助把“开发国际市场”，争取“海外称霸的计划”列入了一个更大的战略计划——联合国内同行，攻占国际市场。

1964年9月，在东京一家面向皇宫的豪华旅馆——皇宫饭店里，日立、松下、三菱、三洋、夏普和东芝公司负责电视机生产的领导人，在这里召开了一次秘密会议，这就是一直到1977年为止的每月“十日会”。主要目的是研究实施由这六大企业的主要决策者就产品销售达成的有关协议。

60年代刚刚发展起来的日本电器，主要竞争对手是美国的电器产业。为了尽早地占领国际市场，击败美国对手，“十日会”以不成文的方式秘密决定，日本各厂家的电视采用两种销售价，即国内高价销售，国际低价“抛售”。在日本最低价格700美元的电视机，在美国只卖400美元左右，比美国产的电视机便宜40%–60%。为了早日打开美国市场，他们还通过各种渠道和方法收买

和雇用美国的代理商。

通过周密的计划和准备，他们终于撞开了美国市场的大门。1964年，松下、东芝、日立等几家公司，开始在美国市场上以低价倾销了大量台式及手提式彩色电视机。在成千上万价格便宜的日本电视机的冲击下，美国电视产业很快就乱了阵脚，不久就有八家电视厂商和几家规模较小的公司被先后排挤出该行业。

打开了国际市场之后，松下发现自己本土市场却受到了强有力的竞争，这一次，经营之神再次发力，轻松化解本土市场纷争。

美国的很多电器公司眼睁睁看着美国市场被日本电器公司逐一蚕食，当然他们也不会坐以待毙。因为在松下进入美国市场之前，就有美国公司在松下的老家——日本扎下了营盘。在日本本土，同样无可避免地要经过一番激烈的竞争和淘汰。

在美国半导体产业界中，最大厂家摩托罗拉在电视机生产方面曾一直独领风骚，早在1959年就已经在日本设立了分公司，尽管几年来也遭到日本电器的冲击，但仍不失为日本电器的强硬对手，1973年摩托罗拉决定采用同样办法，以33万日元的价格在日本市场销售大型落地彩色电视机，因为松下同样的产品在日本的卖价高达57万日元。

然而，在日本有着举足轻重影响的松下，说什么也不能让摩托罗拉在自家门口要威风。于是，便向摩托罗拉提出了一个令他们无法拒绝的条件，松下不惜一亿美元的代价买下摩托罗拉向日本销售的电视机制造权，交换条件是，摩托罗拉同意把在美国国内及台湾的所有工厂，一律停止电视机的生产业务。就这样，松下把在日本唯一具有竞争能力的美国大企业挤掉了。

紧接着三洋又以破产价格收购了沃维克公司。到70年代初期，美国已有十家电视机生产厂商相继消失，只剩下杰尼斯、美国无线电公司和通用电气公司三家了。几年后，美国无线电公司也不得不把电视机制造技术和专利卖给日本。最早控制无线电及电视机制造技术的美国厂商，在日本电视机的冲击下，到70年中期就不得不退出了历史舞台。

在与世界强手激烈的竞争中，松下电器得到了长足发展。从60年代起，松下公司一面向世界发动销售大战，一面向海外扩充势力，相继在东南亚、南美、非洲等地设立海外生产工厂和分公司。

这一系列的商战，更是松下向世界市场进军的开山之作。日本电器在美国的成功登陆，轻松化解本土市场纷争，更真实地展示了幸之助的经营天才和他超常的智慧。

培育“松下精神”

任何一个企业要想创造不同寻常的业绩，都离不开全体员工的勤奋努力和合作进取。当松下幸之助察觉到倡导“松下精神”对松下电器公司的迅速发展的作用后，他在公司的生产经营活动中，时刻不忘培养员工对本公司的“松下精神”，使全体员工热爱自己的企业，培养员工对企业的责任感和荣誉感。他想方设法将企业的经营意图、指导思想、发展理念灌输给公司员工。松下曾一度被员工们称为“爱说教的松下”。

早在1933年，松下幸之助就提出了“松下电器公司应遵循的精神”，即工业报国精神、光明正大精神、团结一致精神、奋斗向上精神、礼貌谦让精神、适应形势精神、感恩报德精神。这就是所谓的“松下七精神”。根据公司规定，员工上班前下班后，全体肃立齐唱社歌，然后齐声朗诵“七精神”，最后还要由管理者宣读“训词”。直至20世纪60年代初，每年正月的一天，松下幸之助都会带领员工，头戴缠头巾，身着武士衣，挥舞着旗帜，把货物送出去。几百辆车组成的车队蔚为壮观，员工的自豪感油然而生。不仅如此，公司还通过朝会、晚会和报刊等反复宣传公司的方针和政策，甚至在每月的工薪袋里装进“总经理通讯”向家属广为宣传，真可谓把工作做到了“家”。

不仅如此，松下幸之助甚至为松下公司亲自填写了一首歌，作为厂歌，歌词是：“为了建设新日本，要全心全意发挥自己的智慧和力量，要尽力增加生产，让产品盛销世界，像泉水般源远流长，大家要精诚团结，松下电器万岁。”他要求每个员工都要以厂歌作为自己的座右铭，指导自己的行动。松下公司的员工每天上下班都要高唱厂歌，精神饱满地为公司勤奋工作，创造成绩。

松下为建立民主和谐的良好气氛，使员工在企业中心情舒畅地工作，情绪激昂地奋斗。松下幸之助规定，如果雇员对公司不满，可以自由地提意见，而他本人对自己的缺点和公司的问题也从不掩饰，并且经常征求员工的意见。

更有趣的是，松下幸之助为了协调上下级关系，还在总公司管理处门前，树立了一个自己模样的橡皮人。如果哪个人对公司或对自己有意见，可以随意抽打这个橡皮人，以发泄自己的不满。松下公司从上到下都没有作威作福、颐指气使的官僚作风，公司董事长经常走到员工之中与他们自由交谈，因而在松下公司人人感受到愉快、和谐的气氛。

1945年，日本战败投降，麦克阿瑟率领联合国占领军进驻日本。为了消灭军国主义，要彻底解体可能成为其复活的潜在力量，占领军对日本“财阀”实行严厉的“整肃”。这样一来，三井、三菱、住友等13个大公司被列为“整肃”的指定对象，“松下电器”也是其中之一。

按照占领军规定，凡被整肃的财阀，将被冻结一切财产，并在指定的时间内解除财阀领导人的职务。尽管松下觉得被划归“整肃”对象感到委屈，曾多次向占领军申述，但仍没有逃脱被“开除”的厄运。

然而，令他出乎意料的是，他所培育的“松下精神”解救了他。由1.5万人组成的一个工会组织——松下电器“劳动组合”，向占领军当局提出了解除对“松下”整肃的要求。

这种工会组织当时属于占领军所培植的“民主化”产物，因而当局决定对“松下”重新调查。由于工人强烈抗议，松下幸之助很快便化险为夷，又重新坐到松下王国的宝座上。

松下公司在企业员工中灌输了“企业如家”的思想，培养起员工的“松下精神”，增强了公司凝聚力和竞争力。因而在困境中，员工能与企业同甘共苦，齐心协力渡过难关；在顺境中，团结奋进的员工集体能为企业的腾飞插上翅膀，取得更大的成就。

用企业文化创建一流团队

一个民族拥有自己的民族文化，才能不断地发展壮大，源远流长；一个企业要有企业文化才能不断向前进步，提升到企业经营管理的高度上，这叫企业的文化管理，企业文化管理已成为建立现代企业制度的重要标志。

管理专家普遍认为，现代企业之间的竞争不仅是技术、人才的竞争，更重要的是团队文化的竞争。

松下幸之助的成功从某种角度讲是日本文化的成功。他领导企业的秘诀就在于成功地运用了日本文化中的一些团队精神。

在企业之中，老板的地位至高无上。由于这种情况常常会导致老板听不进正确的意见，独断专行，甚至做出错误的决策，给企业带来损失。针对这种情况，松下幸之助在松下电器公司内一方面提倡员工要有率直的个性，要敢于向企业、向老板提出自己的观点，甚至当面指出老板的错误；另一方面则提倡老板和管理人员要有宽大的胸怀，虚心接受员工的忠诚劝告。

松下电器与美国一些制造商相比，平均成本大约低15%左右。当然，这不是绝对的。美国人对松下电器的成本很低的原因，百思不得其解。于是美国厂商的高级管理人员就到松下电器公司去考察。松下电器打开厂门，欢迎美国巨头去参观生产线，并且把本公司长期探索、总结出来的卓越成效的管理方式，如质量监控、零库存、无缺点运动等毫无保留地介绍给他们。有人说，你们疯了，这不是把诀窍给泄露出来了吗?这不是等于把“可口可乐秘方”告诉给竞争对手吗?松下却说，“没关系，对他们来说这些都是无足轻重的”。果然，美国人一批接一批地去访问，一遍又一遍地研究，到头来，成本还是降不到那么低。

松下电器公司与美国公司的差别，本质上并不在于质量和技术，因为质量和技术其它公司经过努力也可达到相同的高度，就是说，经过时间的推进，这方面的差异可以缩小，可以一致。而真正的差别在于美国公司的团队文化与松下电器公司的团队文化之间的差异，这方面的差别是很难模仿的。所以，松下电器公司的竞争力就是它的团队文化。如果松下团队文化能够随着外部环境的变化，逐步地进行改善，就能使团队的竞争力不断地得到维护和增强，就能取得对美国厂商的竞争优势。这种优势不但表现在成本上，还可以推广到其它方面。美国厂商只有在团队文化上下足功夫，才能与日本厂商进行长期抗衡。就这个意义上说，企业之间的竞争不仅是技术、人才的竞争，更重要的是文化的竞争。竞争厂商需要弄明白的，就在于此。

聆听上帝的声音

在世界电子行业，“松下”是一个响当当的牌子，在电器市场上拥有举足轻重的地位。当代的市场经济有一个突出的特点：以新技术为依托的新产品层出不穷，竞争异常激烈，如果没有强力的技术作后盾，企业将没有立足之地。作为典型的日本式企业，当时处于开拓阶段的松下的技术水平还不足以与欧美等技术强国抗衡。他们赢得市场的绝招是以完美服务赢得顾客。

松下公司十分注重市场调查，松下幸之助说这是在“聆听上帝的声音”。

20世纪60年代末期，日本的家电行业陷入内外交困的窘境。在国外市场上，美国坚决抵制日本电视机的低价倾销；在国内市场上，消费者都认为彩电零售价格不合理而拒绝购买。整个日本电子行业陷入了困境，松下公司的营业额急剧下降。

在危机关头，松下幸之助仍然保持着冷静。他和公司的高层认真总结经验教训，提出了三条应对措施：一是整顿流通部门，缩小回扣，缩小批零差价；二是工厂不断降低成本；三是通过削减部分利润来降低市场的标准价格。

1971年初，在新产品上市时，松下公司宣布彩电、电冰箱、洗衣机等商品平均降价10%—15%，这种大幅度的优惠受到消费者的热烈欢迎，消费者组织马上就宣布停止抵制运动。松下的局面被打开了，逐渐走出了困境。

只有将产品卖出去才能赚钱，所以松下幸之助非常重视市场营销。他曾以“两点间的最短距离是直线”来说明商品流通必须合理化。松下幸之助还创建一套独特的销售制度和方法。运用在松下公司的市场经营中，就是著名的四个“P”，即产品计划、价格政策、流通渠道、销售地区(这四个词的第一个英语字母均为P)。

在松下公司，销售和服务两个概念是统一在一起的。现任公司总裁谷井昭雄认为，过去的营销是营销消费者的需求，而现在的营销是营销消费者的欲望。因此，产品的竞争不能仅仅体现在技术的创新上，而应更多地体现在服务的创新上。

松下幸之助说过，热情、周到的服务会促成交易，使消费者买下原来不想买的东西。松下公司提出了“用户就是上帝”的口号，把搞好销售服务看作是生产过程的延续，是扩大商品销售总额的重要手段。总公司服务本部设有维修总公司，其下设多个负有维修任务的零售店。对售出的产品在质保期内免费修理，在质保期外付费修理。对用户的意见及时恰当地答复和处理。通过周到的售后服务，赢得了用户的信赖。

松下公司在销售方面还有一个绝招就是全员销售法。这种销售方法包括两个内容：其一是推进早期销售，发动全部服务人员和经销商展开巡回服务活动。这项活动得到了用户的一致好评。二是提高经营服务品质。除了加强销售、增加营销网点、使产品销售与生产结合外，还积极加强售后服务，力求让消费者满意。

松下公司将坚持“聆听上帝的声音”，不间断地去开发新的服务领域。松下幸之助认为松下公司的目标是：创造一个能够关心和体贴人类的企业。

1961 年，65 岁的松下幸之助在向女婿松下正治移交“松下王国”的管理时，浮想联翩。他第一次从哲学的角度冷静地思考了自己的人生，使他宽慰的是，虽说人生一次，草木一秋，但他已开创出了一番伟大的事业。他不仅为人类创造出众多灿烂的家电文明，也为自己创造了一个时代的光辉形象。世人经常赞誉他为“经营的松下”、“销售的松下”、“技术的松下”和“马不停蹄的松下”，他也的确当之无愧。

纵观松下幸之助的个人创业发展史，是一个从无到有的过程：没有事业，他创建了；没有技术，他掌握了；没有市场，他开拓了等等。但这一从无到有的过程，远不是这么几句话能概括得了的。他从普通到优秀的历程，是一部集历史、社会、政治、时代发展于一身的世界近代电器发展史，因为在近代电器发展过程中，至今还没有谁能在同等的条件下超越他的成就。

永远走在时代前面

面对松下幸之助的成功，人们不能不感到神奇，他到底靠什么创造出如此的成就呢?幸之助的回答是轻松的："靠的是走在时代的前面。"松下幸之助简简单单的一句话，却道出了"松下王国"发展的秘密。

松下幸之助的确如此，他具有强烈的超前意识和把握未来的本领。"松下王国"的创立、发展和腾飞的每个历史过程，都充分显示出他这一超凡的才能。

1917年，松下幸之助在确定自己事业的方向上，靠的就是这种强烈的超前意识。严格地讲，松下幸之助能与电器产业结下不解之缘并没有内在的必然联系，他的祖上经营土地，父亲从事米行，而他进入社会首先是涉足商业，所有这些都与电器制造相隔甚远，况且电子行业在当时只是凤毛麟角。然而年轻的松下却能借助于电灯的一闪之光，看到了遥远的未来。他深信电作为一种新能源，在给人类带来方便的同时，也会带来更大的欲望。灿烂的电气时代如同电灯一样将会照遍人类生活的每个角落，因此，投身电器制造，也一定会前途无量。

尽管在创业之初，松下就受到了挫折和打击，然而，这种超前意识使他具有坚强信念和必胜的信心。正是"走在时代前面"的理念才使得"松下电器"得以从无到有，从小到大。

二战结束后，世界恢复了和平。遭受战争创伤的人们，在和平环境里又重新燃起对生活和工作的热情。松下幸之助又"超前"地看到"新文明"将带来世界性的"家电热"，对于"松下电器"既是一次发展壮大难得的机会，又是一次艰巨而严峻的挑战。

松下幸之助正是凭借着"走在时代前面"的意识，大刀阔斧地进行机构调整和技术改革，从而使"松下电器"在新的挑战和机会中得到前所未有的扩张。

50年代初，松下幸之助首次考察美国和西欧时发现，欧美强大的生产力，主要基于民主的体制和现代的科技。尽管日本在这些方面还相当落后，然而这一趋势将是历史的必然。松下幸之助把握住了这一超前趋势，在日本产业界率先进行了民主体制改革：

政策上给予员工充分的自主权，建立了合理的劳资体制和劳资关系；

经济上他改革了日本的低工资制，使员工工资超过欧洲，接近美国水平，并建立了必要的职工退休金制度，使职工的物质利益得到充分满足；

在劳动制度上实现每周工作5天制，这在当时的日本还是首创。

松下幸之助认为，这一改革并非单纯增加一天休息，而是为了进一步促进产品的质和量。好的工作成就产生愉快的假日，愉快的假日会导致更出色的工作效率。

60年代，新技术革命的浪潮刚刚兴起时，松下幸之助又及时抓住这一时机，在“松下王国”里大搞技术改革和引进，特别是与飞利浦公司进行技术合作时，使他领悟到了“技术与商品一样也是可以买卖的东西”的道理。

这一观念的改变，使松下公司从此开创了一个新项域——新技术的研究与开发。研究机构原来的“中央研究所”很快就扩展到20多个，势力雄厚的科研力量，不仅使松下电器从此有了自己的新技术，而且技术转让作为一大产业，几乎遍及全世界。

纵观松下电器的发展史，不难看到随着人类文明进展，松下电器总是闪耀着时代的光彩，它由小而大，经久不衰，每一步都准确地踏着时代的步伐，每一个发展部是建立在时代潮流的基础之上，逐步走向辉煌。

第十五章

人类童话王国的总工程师

——华德·迪斯尼

华德·迪斯尼可能是世界上知名度最高的人之一，这位曾是漫画动画片导演兼制片厂经理的天才，在创立了“迪斯尼乐园”和“迪斯尼世界”后，几十年来一直引导着全世界儿童的幻想，触及了全人类的心灵。

《洛杉矶时报》说华德是“带有神奇画笔的伊索，配有彩色摄影机的安徒生”，是“米老鼠之父”，在全世界娱乐界领域，没有人能留下这么丰富的文化遗产。同时，这位“欢乐使者”也是一位白手起家的亿万富翁，但他的成功道路却异常崎岖坎坷。

1901 年，华德·迪斯尼出生于美国的芝加哥市，父亲是西班牙裔移民，拥有一家小农场，作一些农产品的小生意。迪斯尼童年时就表现出了对绘画的浓厚兴趣，画艺愈来愈出色。

1922 年，华德年仅 21 岁，但他已经决定发展自己的事业，开始进行卡通片创作。1923年，华德来到好莱坞，与在那里的哥哥罗伊一起创办了“迪斯尼兄弟制片厂”。

1928 年，兄弟制片厂影响较大的第一部作品是《米老鼠》。当配了音的米老鼠在银幕上活灵活现地表演时，观众马上有了耳目一新的感觉，而

小朋友们的反应更是热烈。所以，《米老鼠》一经问世，马上引起轰动。

米老鼠、唐老鸭、布鲁托狗等新形象的出现，无疑为兄弟制片厂带来了滚滚的财源和莫大的荣誉。而更重要的是，观众的认可使得华德坚定了走卡通片道路的信心。

华德后来又想到建立大型的游乐场，为成人和小孩提供丰富而益智的娱乐节目，因此，迪斯尼公司首次成立“迪斯尼乐园”，地点位于美国西岸的洛杉矶。

“迪斯尼乐园”结果获得成功，大受欢迎。成功以后，华德便把成功的经验推广于美国以及全世界。

1964年9月14日，约翰逊总统在白宫接见了华德并授予他“自由勋章”。颂词上说：“作为一名艺术家，华德·迪斯尼在娱乐方面已经创造出了一个美国奇迹。”

不断创造"第一"的纪录

市场瞬息万变，要想引领市场的潮流，把握市场的主流趋势，创新意识是至关重要的。更多的领域被市场化，就必然要求相应的创新—思想的创新、管理的创新、产品的创新，只有创新才能使企业成功地驾驭市场，永远保持创造力和前进的动力。

卡通是一个巨大的市场。喜欢看卡通的人，包括小朋友、成年人，甚至老年人都有。华德·迪斯尼挖掘出一个这样大的市场，使他创造的企业变成跨国大企业。

华德领导"迪斯尼"取得瞩目的成功，最主要得益于他独具的创新意识——米老鼠、唐老鸭、七个小矮人等著名角色层出不穷，并且不断创造出"第一"的纪录，拍摄出第一部有声卡通片、彩色卡通片。

迪斯尼公司特别注重创意，并力求从制度上去保证，好的创意从各个领域取之不尽地纷纷出现，一九八九年时，迪斯尼又向市场推出了"小美人鱼"、"兔子罗杰斯"等形象，为公司赚进了数十亿美元。

华德还非常注意广泛利用电影传媒。好莱坞是美国的电影制作中心，迪斯尼把公司设在这里就是为了利用它得天独厚的优势：电影成了他的一个重要手段。

1935年创作的古典童话故事片《白雪公主》是华德的第一部卡通长片，这部影片受到国内外广大观众的热烈欢迎，连最爱挑剔的那些评论家也为之倾倒。之后，他又为儿童创作大量文学故事片，

1940年拍成了《木偶奇遇记》，1950年制作了《灰姑娘》，1951年又开机拍摄了《爱丽丝梦游记》。

随后，迪斯尼又推出了一系列优秀影片，70年代有《三只小猪》、《白雪公主》、《欢乐满人间》，80年代推出了《三个奶爸一个娃》、《白领丽人》，90

年代的有《阿拉丁》、《谁杀了兔子罗杰》、《狮子王》以及《玩具总动员》……等。到此为止，已有50多项奥斯卡奖落入迪斯尼手中。

坚持自己的品牌个性

凭一只米老鼠起家的迪斯尼兄弟制片厂，经过70年的努力，如今已发展成为拥有四家游乐场、一家电影制片公司、一家广播公司和许多商店的娱乐业巨人。到了1995年，公司的总资产已达到153亿美元。分析其成功的过程，我们发现主要原因之一是他们永不放弃，并坚持自己的品牌个性。

1924年2月，迪斯尼兄弟搬到位于金斯维街的办公室，正式挂出了“迪斯尼兄弟制片厂”的牌子。

继《爱丽丝梦游仙境》之后，迪斯尼还主持制作了《爱丽丝海上之日》、《爱丽丝非洲之猎》、《爱丽丝鬼屋冒险》等六部动画和真人结合的影片，并陆续搬上银幕。令人头疼的是影片的成本往往高于发行人所支付的片酬，使华德不得不到处借钱来维持生存。

华德是个自信而又不乏自知之明的人，通过长期的绘制和导演经验，他认识到自己长期处于创作和执导的位置上，使画技有所退步。要让制片厂的业务进一步发展，自己应把精力放在构思写作剧本上，绘制动画的工作还要另请高手。

1924年6月，华德说服了好朋友乌比辞掉了在堪萨斯市电影广告公司的工作，到“迪斯尼兄弟制片厂”专门绘制动画。乌比的到来使制片厂的绘画水平有所提高。当年年底，又有两位“欢笑卡通公司”的老同事哈曼和鲁迪也加入了兄弟制片厂。

1925年4月，三哥洛依和艾迪娜·弗朗西斯结婚。此时的华德刚刚与制片厂的一位漂亮的上色员莉莉安·彭德丝小姐恋爱，像发展事业一样，迪斯尼谈恋爱也讲求效率，“主动出击”。1925年7月，仅仅三个月的时间，他们就结婚了。在此之前一周，迪斯尼兄弟花了400美元在赫伯龙大道2719号买下了一块空地，准备建造一座更大的制片厂。

1926年2月，制片厂新楼落成。华德认为一个单独的人名，可能更有票房吸引力，更容易被人记住，于是就将厂名改为“华德·迪斯尼制片厂”。

1926年底，环球影片公司的创办人卡尔·雷姆尔打算制作一套以一只兔子为明星的动画影片，发行人查乐斯·米兹把这套影片取名为《幸运兔子奥斯华》，并交给迪斯尼制片厂制作。

1927年4月，华德及其助手推出这套影片中的第一集《可怜的爸爸》，试映后受到了纽约环球影片交易所评委会专家们的批评，他们认为兔子奥斯华缺乏突出的特点，不够滑稽，动作重复太多。

华德自己对影片也不大满意，他承认评委们的指责有一定的道理，也开始认识到，动画片里必须有一个有特色而又吸引人的中心角色和一个好的故事主线才能打动观众。

虽然以前的片子中有过成功的角色，但华德总认为都不符合自己的品牌要求。他知道，要想永远在好莱坞立足，必须重新打造品牌产品，找一个具有代表性的全新形象，以满足观众的感官需求，从而制造名牌效应。

据美国《经济学人》报道，一九九五年全球最有影响力的品牌评估结果显示，迪斯尼位居第三，品牌价值高达470亿美元，成为进入世界56个著名商标中唯一的一个娱乐业品牌。现在，迪斯尼与可口可乐、麦当劳、玛利莲·梦露一起，被并称为美国娱乐消费文化的“四大天王”。

迪斯尼乐园只制造欢乐

迪斯尼今天的成功，不只是因为米老鼠或兔子罗杰的成功问世。迪斯尼王国的领域包括迪斯尼乐园、华德·迪斯尼世界、东京迪斯尼乐园、华德·迪斯尼制片厂、旅游设施以及授权产品等。但迪斯尼王国是建立在传统的良好的顾客服务的基础上，而不仅是像人们所想象的那样基于少数卡通形象。

50年代，华德眼光超群，把娱乐业与公园结合起来，建立了迪斯尼乐园主题公园，扩大了自己的品牌影响范围。1955年，第一家迪斯尼乐园在洛杉矶建成，华德创建一个家庭乐园的梦想变成了现实。在开业后的7个星期内，共有100万游客光临了迪斯尼乐园，这一举动获得了前所未有的巨大成功。与动画片相比，迪斯尼乐园不仅带给人们视觉上的享受，更让人得到许多亲身参与的满足。人们的兴奋和满意常常是由意外造成的，迪斯尼乐园里处处充满着人们意料之外的景观和游玩项目。

现代社会，一个“忙”字几乎能概括所有人的生活。工作时，人们希望精力集中，记忆力强；休闲时，人们希望精神放松，忘掉一切。许多厂家推出营养食品来强化人们的记忆，而迪斯尼却从记忆的暂时性丧失方面，让人们忘掉工作中的烦恼与劳累。

当你光顾迪斯尼乐园，一天的游玩让你拥有像孩子似的兴奋和快乐，好像是融入了另一个童话般的世界当中，如同在梦幻中生活。

在迪斯尼乐园中，你可以感受到在平时感受不到的恐慌、惊险、兴奋、快乐和开心，也忘掉迪斯尼以外的一切事务。只有到迪斯尼乐园，才能使人有这种特别的感受。特别是每天闭园前的花车大游行，热烈、喧闹、刺激，让人久久难以离开。每一个地方都有自己独特的魅力。

欢乐和笑声，这是人们的一种基本精神需要，这与人们从食物、服装、化妆品、旅游等消费中所得到的满足不可相提并论，也是它们所无法实现的。迪斯尼以为，卡通、电影是传递欢乐的媒体，可以用这些大众喜爱的形式为他们送去更多的欢乐。“制造欢乐”，便成了迪斯尼品牌的宗旨。

几十年中，迪斯尼组成了一个庞大的“明星队伍”：有聪明活泼的米老鼠，也有满腹怨言、整日喋喋不休的唐老鸭，还有大智若愚的“三只小猪”、聪明善良的“七个小矮人”、美丽的“白雪公主”等等，这些卡通人物，每个形象都惟妙惟肖，刻画得淋漓尽致，让所有的观众都从中得到了欢乐，这也正是迪斯尼一贯的目标—制造并出售欢乐。

在科技不断进步的今天，迪斯尼为了留住老顾客，在乐园中增设了许多现代化的电子装备，并随着岁月的流逝和技术的发展，不断补充和更新娱乐内容和设施。

迪斯尼花1700万美元安装了三面可看大型音乐录影的萤光板，并邀请迈克·杰克逊表演；投资3200万美元建造了令人心惊胆战又无法拒绝的空中列车；占地50英亩的水上乐园等等，处处做到寓科学知识于娱乐之中，吸引顾客再次光顾。现在的迪斯尼，俨然成为了一个用高科技打造的世界人类童话乐园。

如今，没有去过美国的人也知道迪斯尼里面有些什么，乐园里随时可遇到人扮的米老鼠和唐老鸭，游人们可以和他们聊天、合影、充分享受这梦境一般的快乐。

用迪斯尼大学培训“卡通”员工

1955年，华德想要创办别具一格的娱乐公园，梦想建立一个亲切和谐、安详的家庭乐园，让人们乐意一再光顾。因此他认为迪斯尼乐园需要一个自己的训练基地，在那里他可以把自己的理想传播给新来的员工，于是他创设了迪斯尼大学。

华德认为，你不可能刚被上司臭骂了一顿，马上就能对人笑脸相迎，就好像什么事情都没发生一样。并且说：“你能梦想、创造、设计与建造世界上最神奇的地方，但每一步都需要人来完成。而迪斯尼大学的建立就是为培训来源广泛的各类员工。”

除了训练员工之外，该大学还负责研究与分析公司员工的需要，并提出计划来满足这些要求。其它的使用包括：训练与发展、员工与社交、休闲及士气动员等活动，以及员工的相互沟通。

迪斯尼的员工叫做“卡通人物”，他们不是在做一项工作，而是在扮演一个角色。“卡通人物”在学校受训结束，返回工作岗位时，通常需要就单位的情况对其进行指导。两个小时的再指导包括看录像，了解最近所发生的变化，掌握新节目表演的细节。

迪斯尼公司3900名“卡通人物”都受过新人指导训练，它只不过是一个过程而已。而大量的工作是每天进行的课程，要不断强化价值观、经营观念与顾客服务标准。“卡通人物”不论在幕前幕后，都穿着各种角色的衣服，而不穿制服。虽然幕前的“卡通人物”经常要与游客接触，但幕后人物如财务部或维修部的人员，也有可能接触到游客，因此每个人都要时刻注意维护迪斯尼的声誉。

迪斯尼乐园的目的，就是为许多人带来欢乐。假如没有打扮成卡通人物的工作人员，或者那些贩卖气球与爆米花的小贩，睡美人的城堡会变得什么样?主题公园就是因为注入许多“卡通人物”才变得生动活泼，充满魅力，才能吸引人们到这里来，再快乐地离去。迪斯尼如何使人们一再光顾?这是因为公司拥有的四个特点——安全、礼貌、优秀及效率，这就是迪斯尼的礼节。美国人认为，“迪斯尼礼节”是迪斯尼特有的专长。迪斯尼公司把顾客关系这门艺术做到科学化的境界，而且他们的员工每时每刻都在全身心地提供欢乐给顾客。

虽然到主题公园去玩的人，把那些吸引旅客注意力的传统人物看成美国的拓荒英雄，但实际上这些角色人物不过是身着传统服饰的侍者，人事部门把他们视为计时员。他们大多是高中生或大专学生，受过专门训练，有合理的薪水，所以能在代表公司形象的同时，执行重复而必要的工作。迪斯尼把他们变成幻想世界的一部分，他们整天创造着欢乐。

迪斯尼的“卡通人物”必须正确了解公司对员工的要求——活力、热情、投入与荣耀，并努力自我要求，才能适应其工作；另一项重要的要求是提供给顾客最好的服务。

处理顾客问题永远是最重要的。“卡通人物”在解决顾客问题时，被赋予充分的权力。迪斯尼的高级管理人员表示，这是满足顾客的机会，做的好就可以获得顾客的高度评价。

创造一个主题公园，让数百万游客心甘情愿花费数10亿美元去享受迪斯尼的服务，这已经不是一个梦想，而是现实。迪斯尼王国建立起来了，而且蒸蒸日上。这一切成就来自于精心的规划、训练有素的员工以及经营者，为数百万游客创造欢乐的决心与承诺。

打造独特的理论体系

早在创业之初，华德对动画艺术的理解，已从感性认识升华到理性认识了，提出了关于动画片制作的一套比较完整的系统理论。

他认为："动画的首要任务是把生活中的动作用动画的形式表现出来，即把事物通过观众的想像呈现在银幕上，而不是把动作或事物真正发生的情形拍摄下来或绘出来。"他指出："动画源于生活，源于生活中真实的事物，如果我们不了解真实的事物，就不能创造出奇思妙想来。"

无论拍摄什么类型的影片，迪斯尼都坚持自己早年在动画片制作中的制片原则：一、充分准备；二、创造出有趣的角色；三、要交待清楚故事。他自己这样做，也要求属下人员这样做。

迪斯尼总是先看了剧本之后，再去进行全面的剧本讨论。对那些不合格的剧本，他会退给编剧；对那些认为有可用价值的剧本，他会加上眉批；开拍后又认为水平不高的片子，他则不急于马上决定取舍，通常是先将它们放在一边，几个月甚至几年之后再提出改进意见，继续制作。

华德对动画片制作的这些理论，成为公司同仁的创作方向航标和准则，使其他动画片制作商无法超过他们。

继米老鼠之后，迪斯尼又陆续以短片的形式推出了"唐老鸭"、"布鲁托狗"、"小精灵"等可爱的动画片形象，它们同样给全世界的儿童和成人带来了欢笑。这些形象都有自己的鲜明特色，如布鲁托狗是个专干蠢事的家伙，身着蓝衣蓝帽、长着一对大眼睛的唐老鸭则是个喋喋不休的抱怨者。

在各种系列短片走红之时，华德又开始了对制作动画长片的探索，他首先选择了《白雪公主》作为他的第一部动画长片。华德非常喜爱《白雪公主》这个吸引了多少代儿童的故事，认为它可以深深地打动人们的心灵。

1934年的一天，他在赫伯龙制片的录音室里边讲边表演，向他的几十位

画家描述了这个动人的故事。他一个人绘声绘色地扮演了剧中的各个角色，整整两个小时，到故事结束时，观众的眼中都充满了泪花。

《白雪公主》制作小组马上成立并开始了紧张的工作。华德主持召开了几次会议，专门听编剧人和画家的意见，不断改进内容。这部长片的制作费用花了近200万美元，很多知情人都认为这次迪斯尼一定会破产，并称这是一件“迪斯尼蠢事”。

华德是个敢担风险的开拓者，只要他认准了的事一定会干到底，就这样整整花了三年时间，才大功告成。1937年12月21日，《白雪公主》在美国洛杉矶哥特圆环剧院首演，获得了巨大的成功，好莱坞各影业公司的高层人物都到场祝贺，全体观众起立欢呼，影评界也一片赞扬之声。

事实证明，那些称华德行为是“迪斯尼蠢事”的人，才是目光短浅的蠢人。因为迪斯尼既然能制订出完整的系统理论，肯定就对动画影响市场有透彻地分析和预测能力，同时对制作环节和出品的响应力就有一定的前瞻性。所以可以断定，迪斯尼的这种投入是有把握收回的。

刻苦钻研，寻求突破

任何事物都是这样，只有不断寻求突破，才能获得不断进步。华德·迪斯尼也不例外，因为他同样清楚，停滞不前和不思进取，就只有永远给别人当助手。只有学会钻研和汲取，才能不断完善自我，从而才能主宰自我。

华德为了搞清楚动画片究竟是怎样制成的，着实下了一番功夫。他发挥自己活泼、善交际的特长，和摄影师吉米·罗维尔交上了朋友。吉米告诉他怎样把不动的图片拍摄下来而使人产生动的幻觉，吉米还指导他怎样使用摄影机。

聪明的华德很快就懂得了这种动画片的制作过程，同时觉得这种方法有待改善。他跑到公共图书馆，借来有关图书资料进行认真研究，因而他画的人和动物的动作真实多了，得到了公司老板的肯定，于是他和同事乌比·依维克就采用新方法为广告公司绘制动画。

和其他动画绘制人员相比，华德更具幽默感和想像力。他编制的广告词和他绘制的动画也独具风格，这使他在公司中小有名气。

华德偶尔会借一架摄影机，在自己家的车库拍一些短片。他制作的动画形象个个栩栩如生，惟妙惟肖，他把这些动画片卖给纽曼戏院公司及其下属的几家电影院，放映后反响强烈。

针对有些电影观众喜欢大声朗诵影片上的字幕而影响他人的情况，华德拍摄了一部名为《欢笑卡通》的影片，片中有一个滑稽的教授手执木槌，到处敲打那些喜欢读字幕的人头。结果《欢笑卡通》收到了意想不到的好效果，迪斯尼的名字也逐渐为广大观众所熟悉和喜爱。

公司老板卡格也以他为荣，经常向来访的重要人物介绍他。迪斯尼此时又向卡格提出建议，要求制作系列动画故事短片，遗憾的是卡格没能采纳这个极有远见的建议。

1921年11月，华德的父母离开堪萨斯市，到长子赫伯特工作的俄勒冈州的波特兰居住，开始了他的独立生活。

他租下了一座小楼房，召来了三个愿意学习绘制动画的青年人，边学习边工作。迪斯尼决定自己制作较长的动画影片，即对传统的神话故事进行改编；插入一些笑料，使其具有现代感，他制作的第一部这种类型的电影是《红帽小骑士》。

后来，为了开创自己的事业，华德辞去了他在电影广告公司的工作。1922年5月23日，他用1500美元的资金建立了“欢笑卡通公司”。公司成员有华德、乌比、五位动画画家、一个业务经理、一个上色员、一个推销员和一个秘书，租用了麦克唐纳大厦的几个房间作为办公地点。

这是华德·迪斯尼独立创业的一个起点。他的创业理念在多年前就有所表现，但鉴于诸多条件和外在因素的干扰，不得不被暂时搁置。经过长时间的自我充实和经验积累，他终于再次扬起了创业的风帆。

天才灵感成就迪斯尼

华德满怀激情，想像丰富而且富有创意。他到46岁时，仍然童心未泯，灵感丰富。对一些娱乐活动充满浓厚的兴趣。1947年12月，他为自己买了生日礼物，竟是一套带轨道和车站的电动玩具火车。他将车架在办公室旁边的一间屋子里，有空就去玩赏。同时，在比佛利山和贝尔山之间的住宅区，他位于荷姆比山卡洛坞道的新家外也修建了小型铁轨和火车，这些东西后来都成了迪斯尼世界的一部分。

在某种意义上来说，迪斯尼的一切都来自于华德的灵感，而迪斯尼所有的辉煌成就全都起源于一个卡通形象——米老鼠。1928年，在一次竞争失败后，失意的华德在火车上梦见了一只可爱的小老鼠，后来经过整理和加工，华德构思出了“米奇老鼠”。这个卡通人物——米奇老鼠一出，深受无数小孩的喜爱，从这点看来，米奇的塑造非常成功。

“米老鼠”风靡全国，成为家喻户晓的百老汇式人物。到1929年，米老鼠受欢迎的程度是空前的，米老鼠成为华德·迪斯尼的财源。几乎凡有文化的地方都知道米老鼠，因此，米老鼠形象就成为其厂家和公司产品的广告代名词，凡是带有米老鼠图案的产品也几乎都很畅销。

后来，每个人几乎都知道米奇是谁，它不单成了孩子们的好朋友，更成为迪斯尼公司的巨大生财手段。

受米老鼠成功的启发，华德又构思出许多其它的动物角色，如坏脾气的唐老鸭、笨拙的布鲁托狗、贺瑞斯马等。1952年，华德·迪斯尼公司正式成立，以米老鼠形象作为公司的招牌标志。

早在30年代时，华德就开始思考这样一个问题：兄弟制片厂推出了这么多大受欢迎的动画片；创造了米老鼠、唐老鸭等一大批家喻户晓的形象，如何让这些形象再一次展现它们的商业价值呢？

有人提议把米老鼠、唐老鸭制成小商品拿去卖，大批生产批发给商贩。华德觉得这个创意确实不错，但不会长久。再说单独地把它们做成商品，容易使人厌烦。有没有一个能最大限度提升这些可爱形象价值的方案呢？

迪斯尼自己时常抽时间带两个女儿去公园玩耍。他发现公园的设施陈旧残缺，工作人员态度恶劣，园内垃圾遍地，父母和孩子们都很难玩得愉悦。想起这一现象，又激发了迪斯尼的灵感。

他计划自己修建一个娱乐公园，他把自己的构想写进备忘录：围绕公园建造一个大村落。村落中要有火车站、凳子、乐队表演室、饮水机、树木花草等，公园中都有恰到好处的安排，还要有供休息的地方，以便给带孩子来的母亲和老人们提供方便。村子两端各为火车站和市政厅，市政厅可作为行政大楼……还要设置"西部村"，里面有小马场、博物馆等，以满足人们对美国西部历史和风俗的好奇心。

这种灵感，就是迪斯尼乐园的原始构想。就是这一构想，使世界多了一个史无前例的以影片主角为主线，集各种娱乐于一身的超级乐园。

1955年7月13日下午6点，迪斯尼乐园竣工向众人开放。在接下来七周的时间中，估计有100万人游过迪斯尼乐园，远远超过了原来的预算。迪斯尼乐园电视系列节目也受到观众的狂热欢迎。乐园开放后四年，共吸引了1500万游人光临，不仅为人们提供了一个游玩的好去处，也为迪斯尼创造了丰厚的经济回报。

灵感是华德壮大事业和创造的法宝。正是华德把握住了这一系列的灵感，迪斯尼公司逐渐发展壮大，成为娱乐界的王者。